愈開心 愈成功的祕密

讓你脫胎換骨，邁向成功的14堂課

作者
夢想打造師
鄭博中

【推薦序】

做真正讓自己開心的事

近幾年，心想事成的話題又再度掀起一股熱潮，不但書籍備受矚目，也讓催眠、神經語言學、成功學廣泛被探討。

事實上，與之相關的潛能開發、激勵課程，在台灣已行之有年，每一位授課的老師也有自己的特色與理念。

本書的作者鄭博中先生，在數年前因為聆聽到國際知名的激勵、成功大師「安東尼．羅賓」先生的第一堂課，決心要和他一樣，成為一名潛能激勵老師。

他積極學習各類相關課程，不但獲得了安東尼．羅賓大師的訓練認證、接觸催眠課程，政治大學經濟學系畢業的他，更得到了知名的富爸爸相關課程認證，同時取得了中國心理諮商師級證照，並且將所學融會貫通，發展出一套別具特色的潛能激勵心得。

成功很難嗎？鄭博中認為，邁向成功並不難，最重要的是你願不願意改變。

邁向成功的過程一定要經過一番寒徹骨嗎？鄭博中的想法是：「做真正讓自己

開心的事，你想成為什麼樣的人，就能成為那樣的人。」

很高興鄭博中先生願意將過去幫助無數人改變的成功方法與菁華，著文成書，告訴大家十四堂邁向成功的秘密，你將會發現，只要你願意，你將可以開開心心的成功！

城邦出版集團首席執行長

何飛鵬

【推薦序】一把過更好的生活的鑰匙

舍弟武崇在直銷界成績斐然，名為翹楚，當之無愧，相關雜誌屢有報導，在直銷界能有如此卓越表現，得力於他的積極、希望、正面、光明的人生觀。影響所及，子女受益最大，耳濡目染之下，自然洋溢著雷同的觀點，益以數年前，本書作者博中（舍弟愛子）大學畢業後，即獨自前往美國，向名聞遐邇的激勵成功大師「安東尼．羅賓」請益，成為他的學生。接著，為了學習正確且有效率的理財課程，又轉向理財泰斗富爸爸學習，得到《富爸爸，窮爸爸》作者「羅勃特．清崎」的認證。

愛侄博中，慈心悲願，希望「人人都可以過更好的生活」，不辭勞力時光，不惜口破舌乾，經常應邀至各地（包括台灣、香港、馬來西亞等地）開課，得到了熱烈的迴響。

常云「一世勸人以口，百世勸人以書」，演講再多，聽眾也不少，受時空的限制究竟有限，希望為更多的人謀更大的福利，又思及不妨透過書籍刊物，提供其多年學習所得，摻以個人長期親身體驗，揭開這十四把通往美好人生的鑰匙，與讀者大德分享，唯一心願：希望大家透過本書的研讀，了然於心，並付諸實踐力行，保證受用無窮，人生從此開大運，美好人生就在眼前。

筆者常想，「道理不在懂不懂，而在做不做，力行實踐才是功夫。」做了才是我們的，不做還是別人的，您什麼健身方法都懂，像八段錦、甩手操、元極舞、太極拳、香功……就是不做，身體會好嗎？筆者天天只做文八段、甩手操，持恆不斷，就受用了，不信，您也試試！記住「力行實踐」、「持恆不斷」，是重點。

本書立論正確，全是光明的思想，單從標題來看，就讓人有一種想一探究竟的衝動，例如「十個不成功的致命傷」。您有嗎？「充分發揮想像力」「徹底粉碎無力感」「作情緒的主人」……而且每堂課不但有學理的依據，也提供實施的方法，簡單易行，及一些自我省思，讓讀者大德「學思並重，不罔不殆」，看似平凡，卻寓至理，看似平淡，卻創驚奇，相信您只要詳讀，慎思乃至於篤行，受益當不可以道里計。

愛侄博中的第一本書《愈開心愈成功的祕密》書成之後，索序於余，筆者得以

先睹為快，拜讀之後，自己也受用了，深覺這的確是通往成功的捷徑，過更好的生活的鑰匙無疑，不敢言序，贅言幾句，聊表寸心。

生活智慧大師
鄭武俊校長
序於台南永康天然居
20101・2・10

【推薦序】成功也可以是一種必然

很多人都想要成功，事實上，成功並不是那麼的難。

成功是一道門，需要一把合適的鑰匙來開啟，但是多數想要成功的人總是來到門前才赫然發現自己並沒有那一把可以開門的鑰匙。於是，他們搖搖頭感嘆的說：「原來成功這麼困難。」

博中在年輕的時候，就對成功兩個字充滿了探索精神，於是，他隻身前往美國，先後親炙於當代兩位成功大師安東尼．羅賓與川普．清崎，因此成為極少數這兩位成功大師精髓的華人傳承者。過去幾年，他透過演講與課程，在台灣、香港、星馬各地將通往成功的秘密分享給許多渴望成功的人。

演講跟上課的對象終究有限，因此，博中乃決心將開啟成功大門的十四把鑰匙寫成一本書，讓讀者們可以透過相信自己、創造環境、發揮想像、掌握情緒、挑戰恐懼以及善用潛意識等等關鍵的修為，順利打開成功之門，進入成功的殿堂。

在本書的開場中，博中羅列了十種不成功的致命傷，而其中的頭號致命傷就是習慣。很顯然的，成功的習慣與失敗的習慣是能否開啟成功之門的最大關鍵，這本書的核心宗旨，就是要讓讀者瞭解如何揚棄失敗的舊習，並且替自己建立一種成功的新習慣。

一旦養成了成功的習慣，那麼，成功就不會再是那麼困難，成功甚至可以說就是一種必然。

博中為年輕一代的講師中的佼佼者，本身就充滿熱情及對成功的挑戰。他能將自身學習與體驗轉成著作，分享大眾。這就是一個突破自我的展現，值得鼓勵，故樂為之序。

直銷世紀雜誌發行人

李久慈

【推薦序】

要擁抱改變，先練好內功

從上個世紀末開始，網路有如狂瀾一般改變了人類的生活型態。在這一波波革命之間，許多網路創業者前仆後繼，在追求改變世界同時一夕致富的路上起起伏伏，今天是媒體寵兒，明天可能就是泡沫下的落水狗。曾經有人形容網路產業「唯一的不變就是，不停的改變」，也有一句話是「網路世界三個月等於真實世界的一年」。

正是因為網路賦與創業家太多的可能性，所以成功往往屬於能夠擁抱創新、甚至創造改變的人。叱吒中國電子商務市場的阿里巴巴集團，把「擁抱改變」作為集團價值觀「六脈神劍」裡最重要的一條，正因為看到網路具有太多可能性所凝聚出來的企業精神。

然而，要作為一個敢擁抱改變的網路人，心臟和精神可是非比尋常的。有太多的網路人還在現實生存與追求夢想之間徘徊，也有更多的網路人走不下去而夢碎離場，要成為活下來走出去的網路人，除了一身本事與滿心夢想之外，隨時修練「對理想樂觀、對財務謹慎、對機會勇敢、對失敗無懼」的內功，擁抱改變才能走向成功。

這本書裡的十四把鑰匙，和我個人在網路產業十餘年一路上心路歷程不謀而合，相信它也能指點讀者一套修習美好人生的心法，讓我們能面對改變、擁抱自己的夢想。

網勁科技執行長

游士逸

【推薦序】

令人脫胎換骨的希望之書

今年非看不可的一本書！想脫胎換骨，看這本書就對了！絕大部分的人，都應該活得比現在的自己更豐富精采，我們勢必要學習在適當的時間內做決定，有決定才有行動，相信此書絕對可以讓您創造出成功的人生！

有人說，沒有經過深思熟慮的生命，就不值得你去經歷，只要讀了第一頁，將無法不拋開自我，開始創造自己的人生！

本書鼓勵我們值得過更好的生活，相信自己，每個人都有機會和權利過的更好的人生。閱讀本書時，你會發現作者就像是你的好友一樣，真心的關心你；心情不好、失意、找不到方向；想更進一步時，請即刻翻閱本書；這本書會讓你擁有前進的動力。

很感動，作者為每一堂課都精心設計成功練習，讓人重新面對自己，改變自己，並且無私公開成功的秘密，讓人佩服！

書中教導我們如何運用快樂與痛苦的槓桿，來強化改變的動力！因此，當遇到挫折時，最需要的就是檢視自己在生活上、工作上各方面的快樂指數。

看完了這本書，你將發現人生真的可以很美好。

國際知名講師

國泰金控壽險公司高級顧問

莊秀鳳

【推薦序】進化我們與生命和世界的相處能力

行色匆匆，返回台灣，帶著家人的期盼，歡度虎年。不料剛入家門，接獲博中電話，謙虛中掩藏不住喜悅；告訴我，他這幾年開辦不少課程，心中有不少體會與心得，同時也想給學生們課後溫習的教材。即將付梓，特請我指正。

指正當然不敢當，但拿到文稿時心中卻有不少期盼。於是我喜孜孜的於春節期間閱讀著一個台灣新生代訓練師的誕生。

這幾年博中自美歸台，開辦了許多數百人乃至千人訓練會，好評如潮，令人驚豔。書中提到原本他是青澀、害羞、內向、不善於言詞的，偶然在長輩舉辦的訓練會中，臨時缺個主持人，於是他被趕鴨子上架；緊張、手足無措、笑話百出，卻逗得台下聽眾歡笑一堂。當時我是台下的見證者，因為這場訓練會的主講人，正是我。這是約莫二〇〇一年的事，不想事隔十年，當年害羞的大學生已躋身台灣頂級訓練師之林。

許多人羨慕訓練師在講台上耀眼星光；然而事實上訓練師的工作是助人的工作，透過課程的執行、課室的磁場，協助學員在課室中內化、自省、覺察並進而發展出與生命及世界相處的能力。而這種能力包括與家人相處的能力、夫妻相處的能力、與同事相處的能力、處理挫敗的能力、與病痛相處的能力等等。

而這種能力是透過發展與學習而來，如果我們恣意的任由情緒發展或逃避或對抗，長此以往，我們會失去與生命及世界相處的能力。簡單來說，我們就會變得不快樂；工作不快樂，家庭不快樂，事業不順遂，朋友不了解我們……，種種不快樂盤根錯節，糾纏得我們失去生命方向的惡性循環。

而這幾年發展出神經語言學，提供人類社會發展出許多正面積極的工具，協助我們自我開發出更多正向能力；遺憾的是，這些大師大多都在歐美，華人世界訓練師一直未將理論與實務開啟出新視界。在書中我看到許多博中助人的案例理論與實務並重且確實可行。在閱讀中我有許多感悟，更慶幸的是我們即將看到開啟未來訓練新視野的新星，冉冉上升，熠熠光華。

摩迪菲訓訓練研修機構創辦人
新加坡全美健康科技世界大中華區總經理
鍾藏與

【開場】

自序——你，值得過更好的生活

人生，只能像現在一樣嗎？

當然不是。

每個人，都有機會和權利過更好的人生！

這樣的機會，不必由別人來給，而是掌握在自己手上。

只要你願意做出決定。

你絕對沒想過一個決定竟會這樣改變你的一生！就和當年的我一樣。

數年前，我獨自前往美國，向激勵、成功大師「安東尼．羅賓」學習，成為他的學生。

一張機票、兩個行李箱、一顆沸騰的心，就這樣開始了生命改變的旅程！

從東岸飛到西岸、從攝氏零度到零下三十度，故事也因此增添它的傳奇性。

當時的我其實沒想太多，一切先做了再說！

改變，是從第一個晚上開始的。

當一個活動進行到一半時，我突然聽到來自周遭各處傳來學員們感動的哭聲！心中一股巨大的震撼湧上心頭！

這種感動是說不出來的！我好想保留住這一刻跟所有的人分享；我的家人、我的朋友、我所認識的人、甚至所有我不認識的人，我都想分享這樣的感動！

然而，一個念頭閃過！「他們聽得懂嗎？」、「他們能夠來到這嗎？」

想起一路上來到美西的辛苦，我知道這有難度！

看著身旁的外國人一個個哭完又跳，那種轉變就像遇到了人生的天使般！

感覺他們好幸福，可是我的家人和台灣的朋友呢？

在台灣，我也上過不少這樣的課程，可是還沒有一個能讓我看到這樣的場面、有這樣深的感動！

於是，手中的拳頭不自主的緊緊握住！

心底深處大聲的呼喊：「我一定要讓這個場面在台灣發生！我一定要！」

一份不知從哪而來的膽識、一股捨我其誰的使命感、一個來自心裡真正的決定，決定了我與後來所有學員的命運！

「Life will never be the same again!」是課程中在我腦海裡烙印最深的話！

而這句話說的是真的！

因此，當我回到台灣後，我展開了一系列的課程，將我數年來向大師們學習的「通往更好的人生」的秘密，告訴前來上課的人們，除了台灣外，也受邀到香港、馬來西亞等地開課，得到了十分熱烈的迴響。

走上講師這條路，原本並不在我的規畫當中。

這是機緣，也是上天給我的祝福與考驗！讓我在過程中焠鍊自己，讓我在台上幫助他人改變、在台下幫助自己改變！

這個工作真的會讓人上癮！

我只能說，我上癮了！我上癮的是，看到台下的人興奮的臉龐；我上癮的是，當學員抱著我哭、說著：「謝謝你！」的那種感動；我上癮的是，走到各地看到上過課的朋友們那種真摯的笑容與情誼！

想到這，種種的疲累還是值得的！

人最大的使命是，讓自己成為別人的祝福！

我希望我能成為身邊所有人的祝福！

我發現，「過更好的生活」並非空想，而是人人都可以實現的，重點在於，你有沒有找到進入更好生活的鑰匙。

奇蹟，就是每天一點點改變的累積！

奇蹟，就是在情緒低落時讓自己快速的走出低潮！

奇蹟，就是在生命遇到瓶頸時問自己另一個對的問題！

奇蹟不在未來！而是在現在！

我們要的不是去等待遙遠的未來的一個看不見的奇蹟！而是在每一個當下，讓自己比上一分鐘更好！讓自己比上一秒鐘更積極！

這，就是奇蹟！

最後，還是要感謝！

感謝我爸的支持、以及當初一句話都不問的那種信任！

感謝我媽，總是不斷的關心！

感謝我姊，在幕後幫我處理許多事情！

感謝筱涵，她是我的超級軍師！

感謝我丈母娘，幫我做文字校對的工作！

感謝身旁的朋友，一路上有你們的支持！

感謝每一位默默關心的人！

還有感謝每一次許多熱心幫忙、全心付出不為代價的所有人！

現在，我決定將這十四把通往美好人生的鑰匙，在本書中一一公開，希望你和你的朋友們，大家一起過更好的生活。

鄭博中

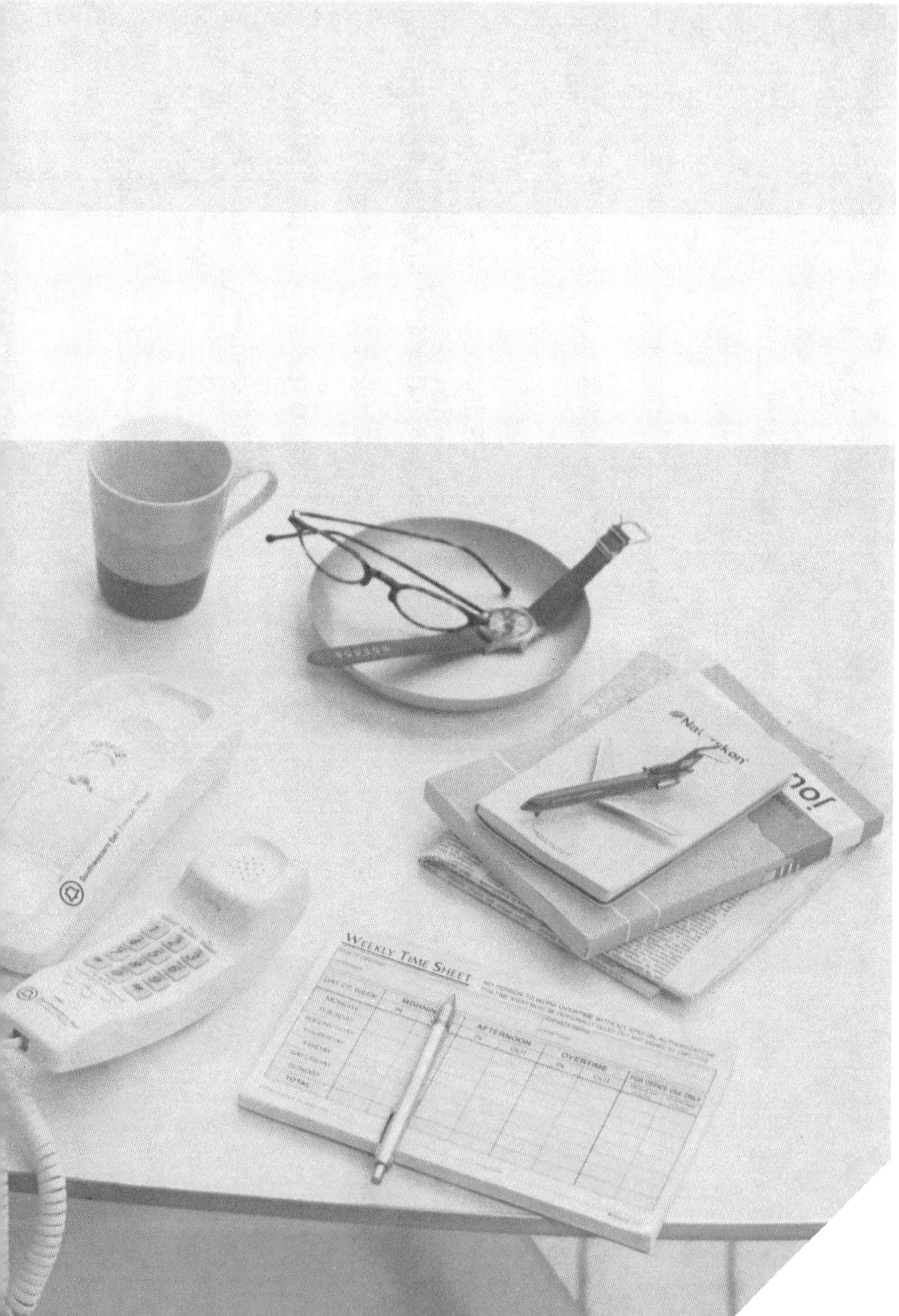
WEEKLY TIME SHEET

第一堂課

十個「不成功致命傷」，你有嗎？

每個人都想要成功、想要過得更幸福、更快樂，然而，大多數的人都被自己的毛病或習慣所限制，甚至成為阻礙成功的致命傷！

每個人都想要成功、想要過得更幸福、更快樂，然而，大多數的人都被自己的毛病或習慣所限制，甚至成為阻礙成功的致命傷！

這些致命傷，往往讓人無法實現自己的理想、過自己想要的生活，甚至錯失成功而不自知！

在第一堂課中，我將告訴大家十個導致不成功的致命傷，想要徹底改變生命、走向成功，就必須了解自己的致命傷，並且改正，才能向你想要的成功邁進！

因習慣而產生的麻木

我們都知道抽菸過量對身體不好，但為什麼這麼多人無法戒菸？難道是抽一口就愛上了嗎？

「其實，我第一次抽菸時，還被菸嗆到！」

不少癮君子在聊到第一口菸時，都這樣告訴我。為什麼還要繼續抽？

「沒什麼原因啊，反正後來就習慣了！」

大家的答案幾乎都很一致，就是「習慣」。

你是否發現，生活中，我們所做的每一件事，背後都藏著我們的習慣。像是習慣吃某一家的早餐，習慣早上洗澡……，有些習慣對於人生的影響不大，好的習慣甚至能帶領我們走向美好人生。

問題，就出在於因為「習慣於不良習慣造成的麻木」。

習慣的形成，來自生活當中每一次「一點點」的累積——好的習慣如此，不好的習慣也是如此。

我們，要留意生活當中的「一點點」，就像抽菸的人，也是一點一點、慢慢的習慣了抽菸；很多人十年後比十年前胖了十公斤，也是每年一點一點地累積體重而成。

請想想：一天中，你「習慣」如何生活？如何決定所有的行動？並檢視有沒有因習慣於不良習慣而產生的麻木。

千萬別讓這樣的麻木，左右你的大好人生！

不曉得自己要什麼

記得在學生時代，每次開學時，老師就已經把這學期校外教學的地點訂好了。如果，人生是一場名為成功的旅行，那麼，你的目標會是什麼？

演講時，我發現許多人對於成功，都有著一定的渴望，卻不曉得自己要什麼？不知道怎麼樣才算是成功！

更有人是把別人的目標（譬如：擁有一千萬）當成自己的目標，結果，當真正賺到一千萬後，卻發現自己一點兒也不快樂。

也有人認為自己買了豪宅後，人生就很成功，到頭來才發現為了豪宅賠了健康、賠了家庭，這才發現原來自己要的並不是豪宅，而是健康與家庭的美滿。

知道自己要的是什麼，真的很重要！你必須找到自己真正想要的目標，改變自己，及早達到成功！

害怕做決定，猶豫不決！

有一次，我在餐廳吃飯，隔壁桌坐了三位女生，其中一個女生的說話分貝頗高，談話內容都圍繞在「他已經跟我求婚三次了，我到底要不要嫁給他？」這個主題上。

結婚，是人生重大的事情，當然不能隨便決定，但如果已經被求婚三次，卻還是無法決定，很可能是這個女生平常就害怕做決定，並且有猶豫不決的習慣。

我也發現，有些人在遇到需要決定的狀況時，明明知道事情的成功度很高，卻還是不敢決定，習慣反覆思考，還是做不出選擇，最後形成了猶豫不決的習慣。

很多人都以為猶豫不決也沒什麼大不了，其實說穿了，猶豫不決正是一種拖延；一旦養成了猶豫不決的習慣後，原本該是大好的人生，是不是也這樣子被拖延過了呢？

為了不讓拖延拖住你的美好人生，我們勢必要學習在適當的時間內做好決定，有決定才有行動，你，絕對可以行動出成功的人生！

被生活瑣事、困難絆住

你是否覺得每天都忙不過來，時間不夠用？

請檢視一下，從早到晚，你做了哪些事？

許多人在自我檢視時發現，自己的生活中，被很多的瑣事絆住，因而白白浪費了大好時光。

生活上的瑣事，有時的急事，卻不是重要及有價值的事，比如某甲明明今天就要完成一份企畫案，此時又發現各種帳單已經到了繳款期限，再不繳不行，只好先處理帳單，等到有時間寫企畫案時，已經是傍晚了。

除了生活的瑣事外，有些人則是容易被困難絆住，遇到困難就放棄，這是十分遺憾的事情。因為許多時候，只要再多一點點的堅持，就可以突破困難，繼續往目標前進，達到成功！

舊有的負面慣性太多

從小到大，當你遇到事情時，你會怎麼想？

我發現，許多人都習慣往不好的地方想。

這些負面的思考、負面的語言、負面的行為，都是我們從小的時候，一點一滴累積而成的慣性思考。

負面的思考，會讓人變得消極，不敢嘗試，無法成功；負面的語言，不但影響自己，也影響別人；負面的行為，像是找藉口、拖延……，更是人生的致命傷。

這些負面的慣性，都讓人無法完全承擔事情，發揮生命的潛能，也就無法達到成功的境界。

受到環境影響

在網路上，流傳著這樣一個故事：

一個企業家帶著兒子去頂級餐廳吃飯，吃著吃著，兒子說：「如果我當初去法

國學餐飲，現在，我說不定也可以成為這家餐廳的主廚。」

聽了兒子的話，企業家回答：「你如果去學餐飲，現在的你就不會坐在這裡品嘗美食了。」

不一樣的環境，造就不一樣的結果。

有句話說：「人類本來就是生而不平等。」

的確，先天的環境，是無法改變的。我們每個人都無法選擇出生背景，無法選擇家人。但是，你是否願意在不好的環境中，找到資源，找到讓自己向上成長的機會？

演講時，我經常告訴大家：「任何事情都沒有定義，除非你自己下定義。」

你怎麼想，關係到你的未來。即使是出生在不好的環境，仍然有許多成功的典範故事。

相信自己做不到

有一次，我在演講時問大家：「在座的各位覺得十年後，你可以過比現在更好十倍生活的人，請舉手！」

結果，全場只有一個人舉手。

不只如此，會場中還傳出類似「怎麼可能？」的聲音。

其實，在「無法成功的致命傷」中，其中一項就是「無法突破限制型信念」。所謂限制型信念就像是一個「不成功咒語」一樣，總是將你限制在一個框框內，讓你以為自己永遠無法走出去。

許多人，就是因為不相信自己會成功，相信自己做不到，即使機會就在眼前，也會與機會擦身而過。

大多數的限制型信念都是在成長過程中，一點一滴累積而成的。小的時候，如果父母或旁人對孩子的夢想嗤之以鼻，那麼孩子也就以為自己做不到，到最後變成「壓根都不會想到」。

當一個人壓根都不會想到自己可以成功時，自然也就不會成功！

無法到達改變的臨界點

你是否曾經有過「想改變，最後還是失敗了」的經驗？

你是否想過，為什麼原本想改變的初衷，努力了半天，最後還是回到原點？

因為，你並沒有到達改變的臨界點。

改變的臨界點指的就是「讓你真正反轉現狀，做了改變的關鍵」。好比，許多女性減肥失敗的原因，往往在於「減肥要節食、還要運動，好痛苦！」於是選擇快樂的吃喝，能不動就不要動，體重也一天比一天向上攀升。這就是因為減肥的痛苦，讓人不願意持續下去，終究無法改變。

如果想要改變，就必須讓自己到達願意改變的臨界點。

改變，是一項持續的功課，只要到達改變的臨界點，讓自己徹底改變，失敗就不會再來！（請參詳第九堂課）

沒有徹底改變潛意識

我小時候，曾經看過催眠的節目。印象很深刻的是，當催眠大師對著被催眠的人說：「現在，你是一台洗衣機。」時，被催眠的五個人，果真從椅子上站起來，做出洗衣機的舉動。

為什麼被催眠的人會聽從指令，成為洗衣機呢？原因就在於，這些人的潛意識相信自己是洗衣機。催眠師靠著催眠人的潛意識，成功的完成了演出。

在現實生活中，每個人都可以靠著潛意識，讓自己的人生成功。只要你的潛意識相信你自己會成功，你，就會成功。

潛意識指的是，當一個人完全不做任何思考時，是怎麼認為的，這個「真正的認為」就是潛意識。

有研究指出，當病人罹患癌症時，如果醫生告訴病人他得的癌症病名，病人的死亡率要比醫生告訴病人他得到的是「某某症候群」時，要來得高。因為大部分的人，潛意識都認為「癌症等於死亡」，即使是靠意志力做了化療或手術，也不見得撐得過來。

你打從心底深處相信的任何事情，都可以說是潛意識。

所以，你相信有好事，好事就會發生！你相信成功，成功就會發生！

太多負面能量的朋友

前文中，我曾經提到：「我們無法改變先天的環境。」但是，我們可以從先天環境中找到資源，找到機會。

除了先天環境外，後天環境也會影響你的人生。其中一個關鍵就是，朋友。

朋友，也是你的環境。

我們都聽過「近墨者黑」，這是一種「同儕效應」。

當負面能量的朋友聚在一起時，即使不需要說負面的話，只要大家的思想都是「差不多就好了」、「人生幹嘛要向上」時，自然也會影響到團體中的每一個人。

負面能量的朋友，並不一定是壞人，卻是無法讓人向上的負面能量，當然也就離成功愈來愈遠！

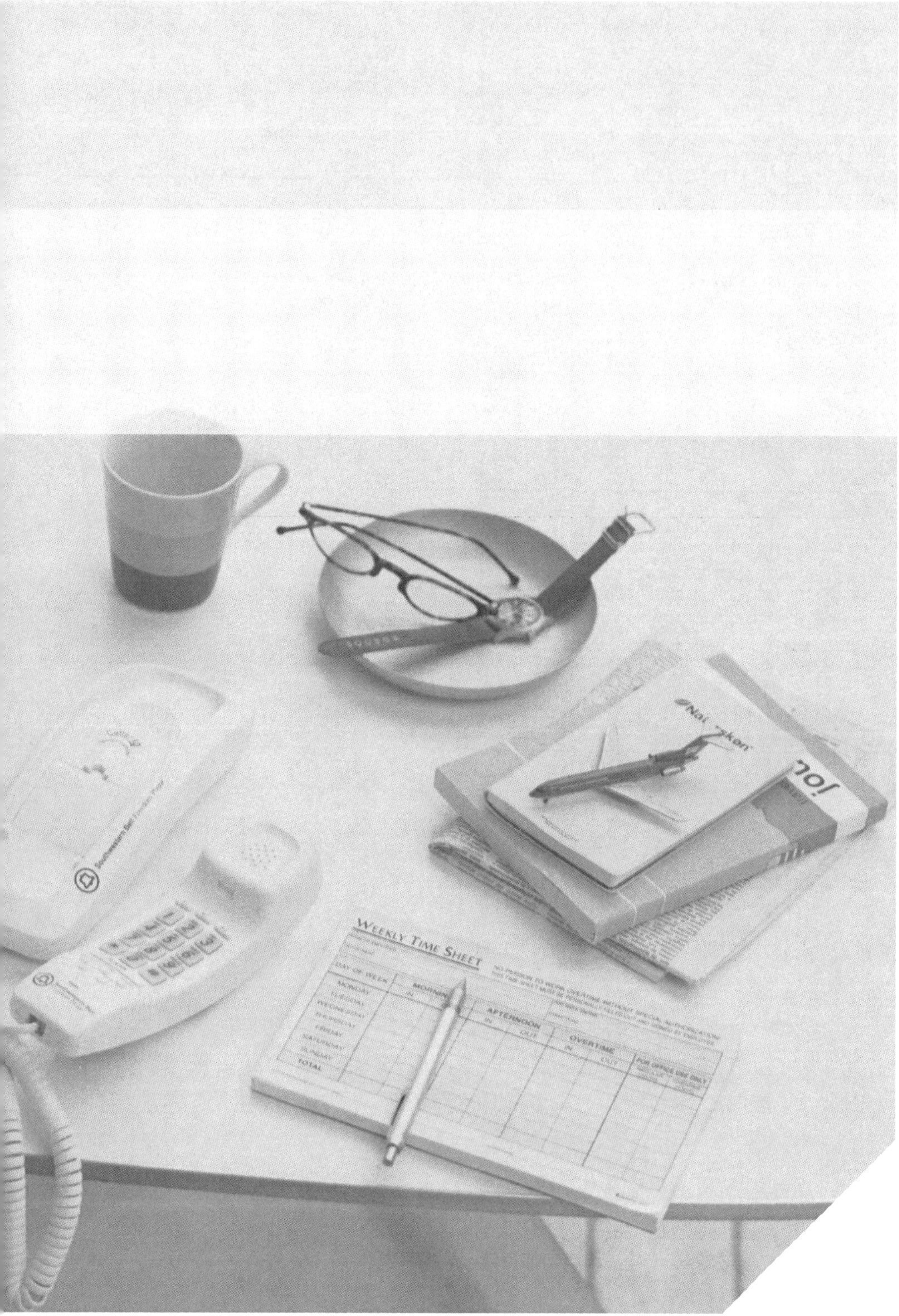
WEEKLY TIME SHEET
AFTERNOON
OVERTIME
TOTAL

第二堂課

相信自己

只要你願意改變想法，相信自己擁有無限可能，你就會發現，人生將有無限的驚喜等著你去體驗。

來自於美國的實驗

一位美國老師在教授新班級之前，被知會這個班上，有兩位智商特別高的學生。

得知班上有高智商的學生，老師對於他們倆有著特別的期待與關注。學期末結算成績時，這兩位學生的成績果然十分優秀。

此時，老師竟被告知：這兩位學生並未做智力測驗，他們在過去的成績，一點兒也不突出。

那麼，為何在這個班級，這兩位學生的表現卻是如此的傑出？

原因在於，老師在一開始時就對這兩位學生有不同的期許。而在老師的稱讚下，學生也相信自己是特別聰明、特別優秀的，於是，他們的表現也如同老師和他們對自己的認同一樣的好。

這是一個真實的故事，聽起來很不可思議，卻也告訴我們：「只要我們相信自己，我們都是達得到的。」

看到這裡，你的心中或許還有不少的懷疑。沒關係，這是很正常的；因為，我們從小時候開始，就會受到父母親、老師、環境的影響，讓我們以為事情就是如此。

許多長輩連孩子要就讀哪一所學校？填寫哪一個科系？甚至畢業後尋找的工作，也以他們所想要的左右孩子的未來，卻忽略了孩子還有其他更棒的天賦，只是尚未開發，也因此限制了孩子發展其他天賦的能力。

我們當中的多數人，都曾經是這個孩子的縮影，這也是為什麼現在的你，總是覺得工作無味、人生無趣、生活不快樂的主要原因。

有一位友人，從小在父母的栽培下，一路唸到台大法律系，畢業後更到國外知名學校就讀研究所。回國後，他很快就被一家頗富名氣的律師事務所延攬，成為一名律師。一年後，他得知好友即將開公司，也十分阿莎力的協助朋友處理法律上的事情。

就這樣，他愈是了解好友公司的商品，愈是對經商產生強烈的興趣。當他告訴父母，他想轉行到好友公司幫忙時，卻遭到父母的大力反對，他的媽媽甚至傷心的哭了。結果，為了孝順父母，他只好繼續當他的律師。

而另一位朋友，卻是從小想要當律師，卻遭到雙親反對，認為律師不容易考，而放棄了當律師的願望。

看，同樣是律師，父母的想法卻大大的不同。

早在半個多世紀前，就有心理學家提出「自我實現的預言」，說的是許多預言在最初時並不成立，但因為人們選擇相信這個預言，而間接或直接做出了符合預言的行為。最後，預言就成真啦！

現在，請想一想，在你小的時候，是不是也聽到許多別人給你的「自我實現的預言」？這些預言，是否也讓你深受影響？

如果你願意，你真的可以打破這個預言，只要你肯將長久以來，套在自己身上的限制打開。

請你一定要明白，過去，你的父母、師長，甚至同學給你的種種想法和建議，並不代表你的未來真是如此。

許多反對的想法和建議，只是因為他們對於你的決定不了解、因為未知帶來的擔心，才投下反對票（如何克服未知，請見第六堂課）。清楚這一點，你，將更可以掌握自己的人生。

只要相信自己有無限的可能性，你的未來，絕對也有無限可能。

改變思考，讓過去不等於未來

商業周刊曾經就上班族進行二〇〇九年心願調查，結果「中樂透」名列第二。這讓我想起另一篇關於樂透王的報導，大意是許多中了樂透的人，多年後的經濟狀況，和中樂透前的狀況相去不遠。原因就在於，人們的思想沒改變，即使天外飛來一筆財富，仍然被舊有的思想給消磨殆盡。

反之，美國房地產大亨唐納．川普，也曾經遭遇破產的窘境，但他親自與銀行談判，渡過了金融危機，還推出「誰是接班人」節目，吸引來自全球各地的粉絲，再度創造人生的另一個高峰。而他成功的關鍵在於，當他處於困頓，仍願意改變思考，並重新站起來。

我們的行動和決定，來自於從小到大的經驗和思想；現在的你，是過去的你所有思想集合而成的結果；而未來的你，也會是你現在思想的結果。

所以，如果你不滿生活總是這樣子，如果你總是覺得自己沒辦法更好，如果你認為人生大概就是這樣子了……

請記得，只要你願意改變思想，你的未來就會跟現在不一樣。即使過去，你曾經做過某件事情，卻總是失敗，但這並不代表未來你再做這件事情時，還是會失敗；因為，時機不同、方法不同、創意不同，說不定只要你願意再試一次，就會成功。

人生，是可以改變的

上課時，我最常聽到的一種說法就是：「算命師說我就是命不好。」、「無論是紫微斗數、面相、姓名學我都算過，大家都說我就是沒那個命。」、「我的工作運就是不好，因為我的八字就是不好。」

不是這樣子的。

其實，你可以改變你自己的能量和磁場；當能量和磁場改變時，你的運也會改變；當運變好之後，命也就跟著變好了。

三十歲的小蘭，原本家庭狀況算是小康，後來，小蘭的阿姨開公司，向小蘭的父母借了數百萬，卻在金融海嘯中受挫，結果，公司收了，向小蘭父母借的錢，更還不出來了。

當小蘭的父母向小蘭提到這件事時，小蘭才發現，父親借給阿姨的錢，是他的老本，而母親原就是家庭主婦，根本就沒有收入，這下子，小蘭一家三口的經濟重擔，全落在小蘭一個人身上。

剛認識小蘭時，她的臉看起來就是心事重重的模樣，當我到她的部落格時，更發現她的網誌也充斥著愁雲慘霧的標題，像是：「我的命為什麼這麼不好？」、

「衰～～」……等等；每一個負能量的標題下，描述的都是小蘭遇到的種種倒楣事，比如車子被拖吊、錢包不見了……

讀了小蘭的網誌後，我有感而發，也寫了一篇網誌（可以說是為她而寫的），內容大概是說：「當一個人總是寫著自己生活中不好的故事時，那麼，這個人的生活，也就是那樣子了。」因為，你不斷說著自己的命不好時，就只能看到不好的地方。

在人生中，人們扮演的角色，不外乎就是受害者與成功者兩種——前者是，悲觀的、負能量的；後者是，正面積極的。

我告訴小蘭：「從現在起，請看看你所遇到的好事吧！哪怕是一點點好事，都值得注意，並將它寫在網誌裡。」

小蘭果真這樣做了，一個月之後，她告訴我：「老師，自從我將一點點好事寫出來後，我發現，我的好運真的變多了，阿姨也慢慢將錢還給我父母，最棒的是，我這個月的業績大突破，領了不少獎金呢！」

想成為什麼樣的人，就可以成為那樣的人

我也曾經聽過很多人說：「我不要再試了，反正結果還是一樣，每次都失敗。」

當我問對方：「這件事情你做過幾次？」

有時一次，有時只是兩三次。

為什麼試了兩、三次，就覺得永遠不會成功？

原因在於，大多數的人，都只是將想法放在往負面的、失敗的經驗。

負面思想，有時也會成為自我的詛咒，即使連很小的稚齡學童都不例外。

在一次的餐會中，一位小學生帶點兒鬱卒的表情說：「我下星期就要期中考了，唉！」

「為什麼說到期中考，你就要嘆氣呢？」我好奇的看著這個才九歲的男孩。

「因為我就是不會唸書啊！」

聽了男孩的回答，我頗心疼的。雖然，我並不知道是什麼因素造成男孩對自己

貼上一個「不會唸書」的標籤；但是，從心理學上來看（還記得我在一開頭時，所說的美國老師的故事嗎？），一旦一個人認為自己是什麼，他就會是什麼。

對於擁有雙手雙腳的我們來說，跑、跳、踢都是很簡單、順理成章的事；對於，天生只有一隻手和一隻腳的湯姆來說，一般人眼中再容易不過的動作，都是一項考驗。

看著同齡的男孩子在球場上玩得不亦樂乎的模樣，湯姆十分心動，他告訴父母：「我想和所有的男生一樣運動，我想踢足球（注：美式足球），參加比賽！」

可能嗎？

即使別人認為不可能，湯姆的父母，仍然為他訂做一隻木質義肢，並在義肢下裝了一個特殊的足球鞋。從裝上義肢這天起，湯姆只要有空，就會練習用他的「木腿」練球。

木質義肢並不好控制，但湯姆並不因此就放棄，他相信自己可以，他還是不斷練習，當他愈來愈熟悉，「木腿」也就與他合作得愈來愈好。

別以為湯姆只是玩玩而已，每天練習的結果，他不但能將足球踢得遠遠的，還踢進球隊，成為前鋒。

球隊一路打進冠亞軍，眼看距離終場結束只剩三秒，湯姆的球隊與競爭對手打成了平手，就在大家都以為必須延長加賽時，只見湯姆抬起他的義肢奮力一踢……湯姆不但踢了六十三碼，破了紀錄，也為他的球隊得到了致勝的一分。頓時，全場觀眾自動起立為他鼓掌，掌聲許久未歇，大家都被湯姆的精神感動不已。

想想湯姆吧！缺了一條腿的他，因為想參加比賽，於是一步步往他的夢想上邁進，他，真的成為了他想要成為的人。

你呢？你想成為什麼樣的人？

做真正讓自己開心的事

在課堂上我經常喜歡問學員：「你開心嗎？」

多數人都覺得，自己並不是真的開心。

有的人說，因為婚姻生活跟他想像的差太多，所以不開心；有的人說，小孩不聽話，讓他很傷腦筋，所以不開心。

統計之後，我發現，最多人提到不開心的事情是：工作。像是「這份工作讓我感到厭煩，但是不做這個，要做什麼？」、「真想離開這個地方，可是又不知道還能做什麼？」。

現在，請想一想，從小時候到現在，你在做什麼事情時最開心？畫畫、釣魚、寫作、打電動、演戲？

這些令你最開心的事，其實就是你的天賦；唯有在做這些事情時，才能燃起你的熱情，即使遇到挫折，你也會堅定的繼續下去，並且從中得到很大的成就感。

「這可能嗎？」多數聽眾聽到我的鼓勵時，都會出現疑惑的表情。

誰說不可能?!

一位曾經管理百人的廠長，因為公司倒閉，成了失業人士。在思考下一步該做什麼時，他想起自己平日的最愛——釣魚。於是，他開始擺攤，賣起魚竿。

由於過去他的釣魚經驗十分豐富，銷售魚竿時，總是可以提供客人很實用的知識，無形中博得客人對他的信任。另一位失業人士，則賣起他平日的休閒興趣——蘭花，同樣經營得有聲有色。因為愛好打電玩，乾脆跑到相關公司，參與設計電玩遊戲工作，也大有人在。

誰說不可能？

這是你的人生，你有權利去做真正熱愛的事，之所以覺得「不可能」，是因為長期下來，你早已習慣現在的生活圈，而非真的不可能。

很多人都以為工作嘛，穩定就好，卻因為做的並不是最喜歡的事，沒幾年就感到疲乏無力。唯有做自己喜歡的事，你的潛能才可以發揮到極致；熱愛自己的工作，你就會很有興趣，愈有興趣，就會愈順手；愈順手，就可以愈來愈好，然後達到你以前從未想過的成就高峰。

你未來的成就，將受限於現在的思想，只要你願意改變想法，相信自己擁有無限可能，你就會發現，人生將有無限的驚喜等著你去體驗。

做開心的事，會讓人成為專家；
做不開心的事，招致更大的痛苦，讓人覺得一事無成。

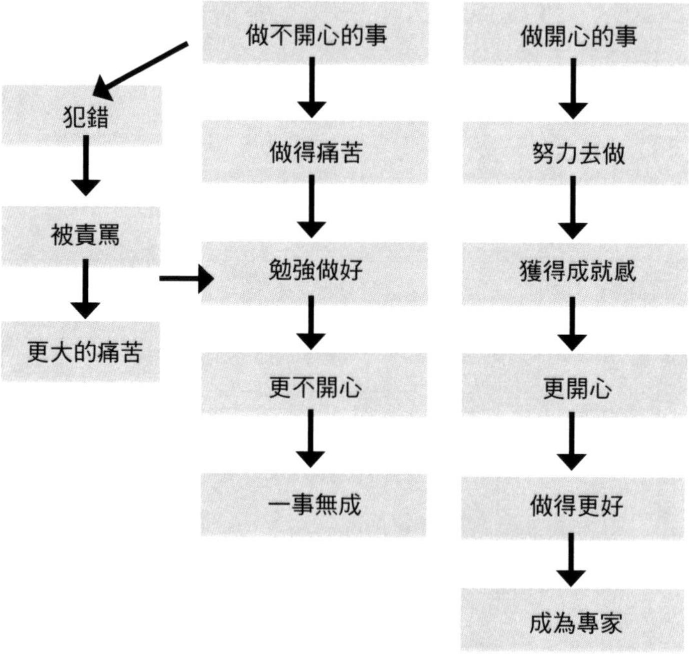

打造成功練習

想一想，你覺得自己是什麼樣的人？你有什麼優缺點，並將它寫在下面。

延續上一題，看看你所寫的缺點，有哪些是別人給你的評語？你真的覺得自己是那樣的人嗎？

回想一下，你曾經在做哪些事情時，心中覺得特別開心？這件事很可能是你的天賦喔！

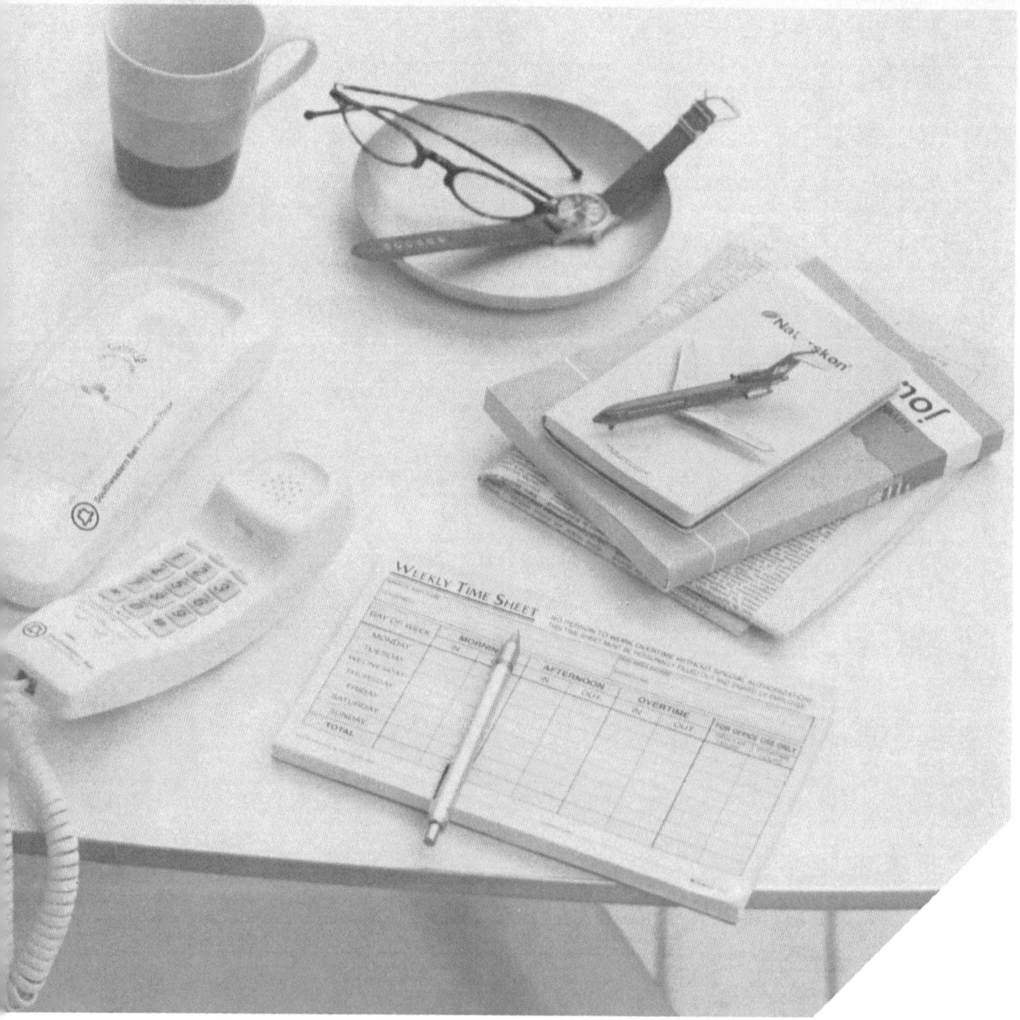
WEEKLY TIME SHEET
MONDAY
AFTERNOON
OVERTIME
TOTAL

第三堂課

改變不良習慣，超重要

決定我們命運的因素有兩個：

短期的關鍵在於，做決定時情緒的狀態。

長期的因素則是，潛意識、價值觀、關鍵問句、人生經驗的整合。

無論如何，我們都可以改變不良習慣，讓人生更美好。

改變雖痛苦，絕對值得

我們所有的行為，都是一種習慣。

這個習慣，或許從小的時候就跟著我們；或許是在成人後，一次重大的事件讓我們培養了某個習慣。

當習慣養成後，它就會留在大腦中，甚至成為我們的思考方式，一次又一次影響著我們的決定。

因此，如果改變大腦的內在思考，那麼就可以有更不一樣的成就和表現，讓未來的命運和現在不同。

暢銷書《有錢人想的和你不一樣》作者哈福·艾克說，阻礙亞洲人財富障礙的原因有三點，一、是害羞個性——習慣作旁觀者而不願嘗試成為第一人；二、是收支不平衡；三、是不懂得借力使力。

他同時也提出，致富的第一項原則就是：你的收入不該有上限。

這個原則，對於一般領薪水的上班族，的確是很大的震撼，因為，哈福·艾克等於是告訴大家，光領死薪水，是不會成為有錢人的。

對於哈福．艾克提出的致富原則，你有什麼看法呢？是認為「說了等於白說」，還是「動腦開始尋找，邁向收入無上限的方法」？

我認識一位護士，她的雙親都是公務人員，從小，她就被教育「領固定薪」，有「鐵飯碗」最好，並沒有真正了解自己喜歡的是什麼。在看了一篇關於哈福．艾克的專訪後，決心改變。

她從最不會影響工作時間的直銷事業開始，漸漸的，她發現自己是一個十分喜歡與人分享健康資訊的人，她的事業愈做愈好，收入也愈來愈多。於是，她辭去全職護士的工作，白天開創她的事業，晚上則在診所找了兼職護士的工作，好讓父母安心。

最近遇到她，她說自己對未來的生涯規畫已經有了藍圖，預計兩年後就要為她的事業全力衝刺。

這一個改變，令她身邊的人都驚訝不已，尤其是她那習慣領固定薪水的父母，在她決定辭去全職護士工作時，更是強烈反對。

「沒關係，因為我自己也是從習慣領固定薪走過來的，我決定當父母退休後，就找他們一起來感受我的事業，感受『擁有事業收入的美好感覺』。」

看著她自信滿滿的笑容，我相信，兩年後的她，一定可以實現她的生命藍圖。因為，她踏出了改變的第一步。

有心理學研究，如果要讓一件事情成為習慣，至少要重複二十一次。（參考下圖）

改變習慣的過程中，會歷經痛苦到快樂，一旦新習慣養成，就能脫離不良舊習。

剛開始改變時，一定會覺得不是很容易，畢竟原本的習慣已經與我們生活很久

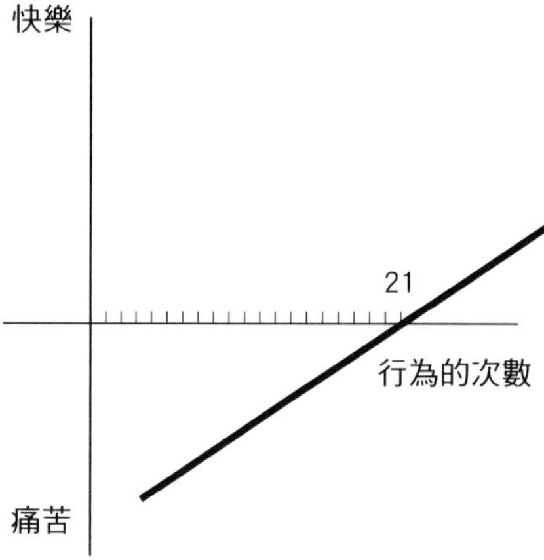

改變習慣的過程

了。可是，隨著一次又一次的改變，你將會發現，自己愈來愈能適應新的習慣。

在我認識的學員中，許多人都有拖延的習慣；遇到事情，最喜歡把明天、下次掛在嘴邊。

到後來，就會演變成「習慣過著沒有改變的日子」，然後又埋怨自己無法成功，如此日復一日，五年前立下的目標，五年後依然沒有辦法達成。

我經常在演講時告訴大家：「每天只要改變一點點就可以了。」

在國外唸書時，我曾經在飯店住過一陣子，當時，鄰房有一位十七歲的外國學生亨利，經常來找我聊天，並且一同上學。

亨利有長期健身的習慣，也練就了一身健美的肌肉，看得我這個東方小子都覺得自己也該發憤圖強才行。

於是，我決定和他一樣，每天都給自己一段時間到健身房動動，一個月下來，果真感覺身體的狀況有了顯著的進展。

不只是健康，很多事情，包括害怕的事，只要從一點點改變開始，並且持續前進，時間一久，就可以看到成果。

很多人看到我在台上面對數千人侃侃而談的模樣，都以為我一定是從小就常參加各式比賽。

其實錯了。從小我就是個很害羞又內向的孩子，除非被老師點名，否則我絕對不會主動上台表現，一直到大學三年級，我都是這樣的個性。

在大四那一年，因為協助長輩辦理一場演講，沒主持人不行，於是，我只好硬著頭皮上台，擔任介紹主講人的工作。

我發現，原本很害怕上台的我，在上台三分鐘之後，害怕的心情就會漸漸消退，表現也會跟著變好，然後發現五分鐘的主持並不如想像中那麼恐怖。

繼這次的經驗後，我又挑戰自己，接下半小時的小型講座，這次，我準備了很多投影片，並跟著投影片來進行說明，又再次克服了上台恐懼症。

我就是這樣子，經過了一次又一次的磨練，才成為今日能站上大舞台的我。

如果當初我不敢改變，找了別人當主持人，現在的我，會怎麼樣呢？

下圖告訴我們：一天一點點改變，將成就不可思議的效果。每天，只要改變一點點，向上提升一點點，橫線也能成為曲線。不改變，線，永遠是平的。

雖然一天只有一點點的變化，短期內比較看不到太大的效果，但長期下來所造成的巨大影響，將讓人大呼不可思議。

偏偏，大多數的人都講求快速，不願意一天一點的改變，結果是高估了自己一年後的改變，更遠遠低估了自己十年後的改變。

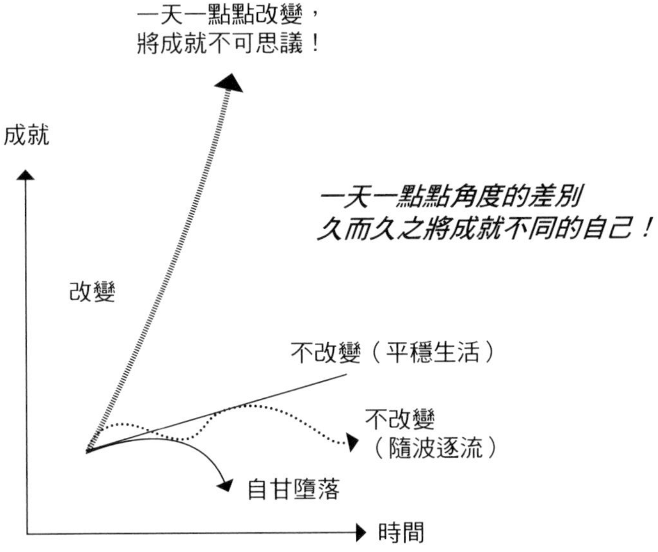

觀念和習慣，是改變的大敵

我經常受邀在許多機構演講，發現，觀念和習慣，是改變的兩大敵人。

觀念，說的是一個人認為的想法。

有一次，我將車子開去保養時，車廠老闆告訴我：「像你們這樣唸書唸得不錯的人，才有好的前途。」

接著，他指向正在維修另一部車子的十八歲男生說：「像我這個兒子，不會唸書，倒是愛美得不得了，成天就想著怎麼讓自己更帥，沒前途啦，我只好叫他在這裡工作。」

「我看你兒子身高夠，也很有型，有沒有人說他可以去當模特兒？」我問。

聽到我的問題，老闆的兒子突然停下手邊的工作，往我這邊看。

「模特兒？他行嗎？而且那個行業不長久啦！」老闆搖頭。

這位老闆，很明顯的有著讀書至上的觀念。對於模特兒的觀念，也是負面的。

於是，我告訴老闆一則「拾荒女變名模」的新聞。

這位拾荒女妲妮拉，出身在阿根廷的貧民區，從十三歲開始，每天晚上都要跟著全家人到處撿拾可回收資源，不到三年的時間，雙手因此變得粗糙，滿是傷疤。

有一天，一位設計師看到身高一七七公分、體重五十七公斤的妲妮拉時，驚為天人，並建議她去參加模特兒選拔。

聽了設計師的話之後，十六歲的妲妮拉決定往這條路上一試，她說服家人，拍了幾組照片，找到模特兒經紀人，並且開始接受訓練，也為雙手的疤痕手術美容。

六個月之後，妲妮拉打敗了一千名參賽者，成為模特兒比賽冠軍。

第一次聽到這個故事時，我心中十分感動。妲妮拉的成功，除了歸功於設計師和經紀人兩位伯樂外，關鍵就在於她自己；因為，她相信自己可以，並且願意改變，所以也得到了家人的支持。

如果，妲妮拉的父親像車廠老闆一樣，認為自己的孩子無法成為模特兒，那麼，今天我們也不會看到這麼令人感動的故事了。

很多時候，只要觀念一變，事情也會跟著改變。

你的身上，也一定有著改變未來的關鍵觀念，而你想到的是什麼嗎？

除了觀念外，習慣，也是改變成功的障礙之一。

有些習慣，並沒有太大的影響，像是擠牙膏的方式、吃東西的喜好。偏偏，自己總會有一些不好的習慣，可是，就是怎麼也改不過來。別以為這些習慣已經跟了自己大半輩子，也沒什麼不良影響——其實，影響可大了。

一位業務員習慣搶第一。某天，他與一位素未謀面的老闆有約。

當電梯打開時，他搶著跑進電梯，完全不顧電梯禮儀，一臉得意。

到了約定的公司，見到老闆時，才發現：「ＯＨ！ＭＹ ＧＯＤ！」這位老闆竟然是方才在搶著進電梯時，一個不小心，被他用公事包打到的那位歐吉桑。

你說，這個案子還談得成嗎？

在真實生活中，或許不會遇到像這位業務員這麼巧的事情；但是，不良的習慣對我們的人生的確有著一定的影響，我會告訴大家，如何改變不良習慣，你將會發現，習慣變好後，人生竟會是如此大的不同！

找出讓改變更順利的方法

阻擋改變的最大障礙，不是別人，而是來自於我們自己。

小李，是一位業務員，在課堂上時，他坦誠，自己在與客戶有約時，絕對不會遲到；除此之外，不論是與朋友見面、或是公司晨會時，不知道為什麼，就是有習慣性的遲到。

小李說，他曾經告誡自己不要再遲到，結果總是又回到原點。

「我希望可以徹底改掉這個壞習慣。」小李說，「每當看到大家等我等的不耐煩的眼神時，我就覺得很不好意思。」

聽完小李的例子，課堂上許多學員也紛紛點頭，大家都有「想改，卻又改不了」的經驗。

為什麼已經有了改變的念頭，到最後還是回到原點？

這是因為，改變，也是有臨界點的。就像天秤一樣，一旦想改變的力量比不改變的力量大時，就會改變了。

問題是，改變有時令人覺得痛苦，到底要如何做，才能讓想改變的欲望，大於不改變的欲望呢？很簡單，只要讓改變的快樂大於不改變；讓不改變的痛苦大於改變，就可以了。

所以，我告訴小李：「現在，請你想像這樣的畫面——有一天你遲到了，大家都對你十分不滿，以後你需要幫助時，大家都不幫你；你辦活動時，大家都遲到……」

小李閉起眼睛，很認真的想像，當他張開眼睛時，很誠懇的說：「老師，我真的感受到我遲到的壞習慣會造成大家很多的不方便，我不要再遲到了。」

課後，小李只要想起遲到的不良影響，就會告訴自己要準時。最妙的是，他的客戶也因此變多了。因為，小李的朋友紛紛說：「以前跟你約見面，你總是遲到，害我都不敢幫你介紹客戶。」

現在，因為小李的準時習慣，朋友們也樂意多幫他介紹客戶，在重拾友情的同時，又能得到更多業績，這真的是當初小李完全料想不到的！

打斷舊有的慣性

在演講或上課時，我發現人們雖然想改變，卻會因為種種因素而作罷，其中五大阻礙改變的原因：分別是壞習慣、拖延、害怕、恐懼，以及猶豫不決。

我知道，一個人從小就養成的習慣，的確很難改變。

當我們找到阻擋改變的主因後，請想像改變之後的自己，在生活上，會得到什麼樣的好處。

只要當自己又興起不要改變的想法時，就要立刻想像改變後的美好，讓改變的念頭再度大於不改變的想法。

人們需要改變的，有時，不只是行為上的不良習慣。

許多時候，人們在思考時，會出現某一種慣性。這個慣性就是：往負面的情緒思考。

當人們習慣先想到不好的事情時，接下來的決定和行動，就會往自己習慣的舊路走——這也是為什麼，現在的你，和兩年前、五年前的你依然一樣的原因。

但是，未來的你，將會和此刻之前的你，有所不同。

因為，你正在閱讀本書。

現在，當你意識到自己又往負面思考時，就要趕快提醒自己「我一定有辦法做得更好」，並往正面的方向思考。打斷舊有習慣，需要方法和技巧，而且與我們的神經鍊有著很大的關係（詳細的內容，請看第六堂課）。

把不想要換成我想要

我不想要再過著沒錢的生活了！

我不想要再次被劈腿！

我不想要一直單身下去！

我不想要#＊@！……～

我們的周遭，甚至我們自己，經常會出現上述的想法。

停！

光說「不想要」這三個字，是永遠也無法改變的。

改變之前，一定要明確的知道你想變成什麼樣子。兩相比較之後，你就會知道，還沒改變之前和改變之後，人生有多麼大的不同。這股力量，將會支持我們，往改變的路上前進。

近年來「吸引力法則」十分熱門，其中也有一個練習是請大家把「不要」改成「想要」。比如：一個女生說她不要和抽菸、酗酒、會打人的男人交往。結果，她吸引的對象往往是抽菸、酗酒、會打人的男人。

透過練習，女生將交往對象的條件列成：體貼、有健康的生活。嘿嘿，這個好男人，真的就出現了！

在「吸引力法則」尚未成為熱門話題時，我就常在演講及課堂上引導這類的練習，同時發現，不知道是否亞洲人的教育傳統是比較「壓抑」「消極」的，很多學

員甚至連自己想要什麼，都寫不出來。

尤其是當被問到：「你有什麼夢想」時，回答「想不出來」的人還真不少。

怎麼辦呢？

沒關係，改變，並非一次就能完成，在演講時，我會為聽眾們進行改變不良慣性的冥想（只想不要的事，也是一種不良慣性喔），我們應該常進行對自己有幫助的冥想，讓你的改變之路更有力量。

小秘訣

只要一點點的改變，就好了

每次我在演講時，都會問聽眾：「你聽過一次以上潛能激勵的演講，或是看過一本以上相關的書的人請舉手。」

我發現，百分之九十以上的聽眾，都曾經看過許多相關的書籍，其中，也有很多人上過不只一種潛能激勵的課程。

於是，我又問：「你是否真正改變了？」

只見，原本舉起的手，都一一放下。

為什麼想改變的人，最後還是沒有改變？

因為沒有下定決心要改變？或是不知道怎麼善用有效的方法，使自己改變？

所以，在你看到這本書的時候，只要有激起你心中漣漪的時候，請立刻行動。

只要一點點的改變，就好了；只要一點點的改變，長期下來，你將會發現，人生，真的不一樣！

每天改變一點點

例：原本不運動的甲乙兩人決定改變。甲選擇一天改變一點點，乙選擇一天改變多一點，結果大不同。

	甲	乙
	每天運動10分鐘 EX：伏地挺身10下＋伸展操	每天運動30分鐘 EX：跑步（超過負荷）
第一天	還ＯＫ！	好累！
第二天	愈做愈輕鬆	花好多時間或沒時間
	感覺快樂及成就感	……
結　果	養成習慣	放棄

打造成功練習

知道並不等於改變，最重要的是懂得反省，請在下面寫出你希望改變什麼事？

如果不改變，未來的人生會怎麼樣？

如果做了改變，未來的人生成為什麼樣子？

現在，寫出你覺得自己可以如何改變，及可能達成這些改變的方法。

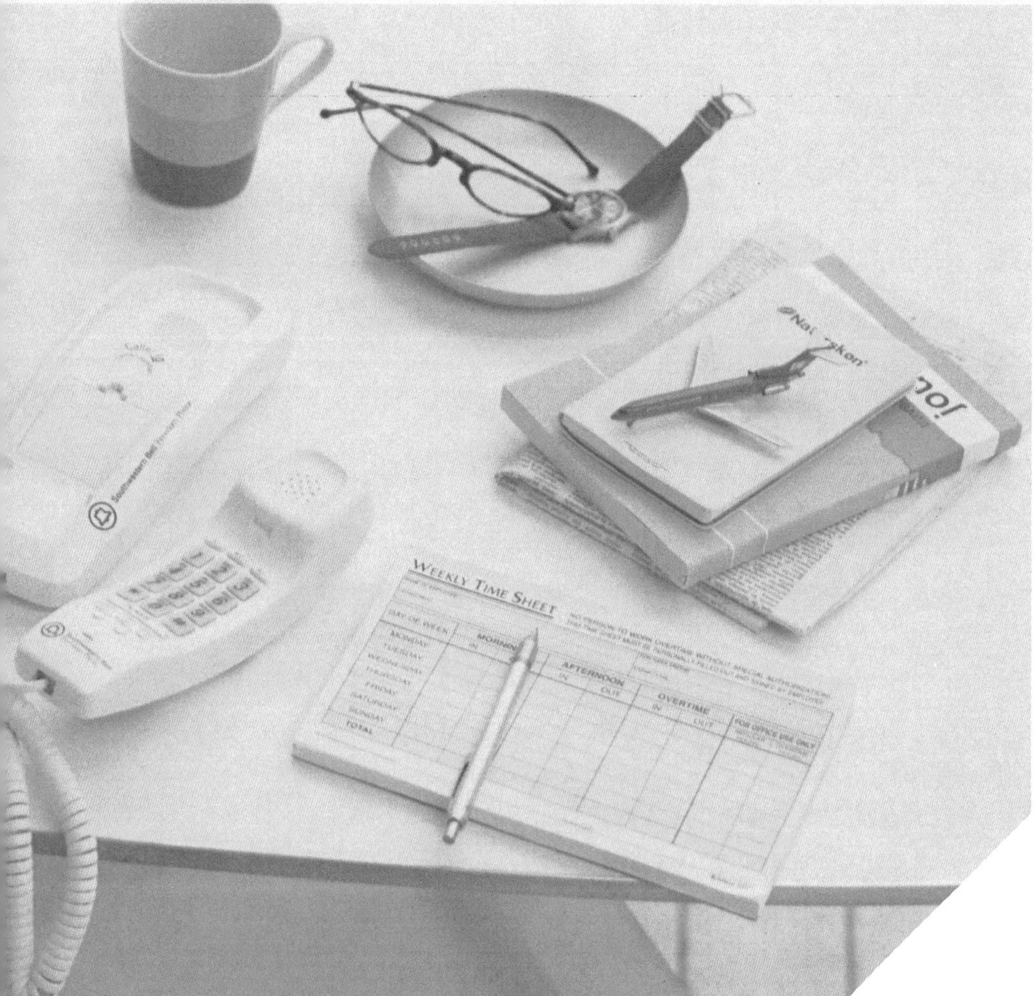
Weekly Time Sheet

第四堂課

為自己創造更好的環境

大多數的人都受限於所處的環境，只要打破這個限制，就有不同的境界。

徹底運用「物以類聚」模式

我在美國學習激勵課程時，經常被大師們豐富、生動又具震撼力的教學所懾服。

有一天，老師要我們舉出物以類聚的例子？

大家舉的不外乎是個性相投、品味類似、想法一致……

老師搖搖頭說：「不只這些喔！」

接下來，老師發給我們一人一張紙，並要我們寫出身邊最要好的、最常聊天的朋友。

然後，再寫出這些朋友的收入並加總平均。

最後，再跟總平均的數字和自己的收入來比較，看看差別大不大？

當大家計算出來之後，不約而同的吸了一口氣，沒想到，朋友們的收入總平均，竟然跟自己的收入差不多。

看到我們驚訝的表情，老師似乎早就知道結果，只是微笑的告訴我們：「這，也是物以類聚喔！」

這一堂課，沒有感人的故事，也不需要進行浩大的行動，卻讓來自於不同國家，齊聚一堂上課的我們，徹底明白一個道理：跟什麼樣的人在一起，自己也會朝著這方向走。

包括收入。

提升能量改造環境，有方法

每個人，都有自己的能量和磁場。

你是否發現，某些人總是笑迷迷的，即使只是打個招呼，也會讓你原本的煩惱全消，覺得人生充滿希望；某些人卻很會抱怨，只要看到他，你的心情也就莫名其妙跟著不好，覺得事情很煩。

前者，擁有的是能量資產，後者，則是能量負債。

當我們周遭的能量負債的人愈多時，想要讓自己更努力、更興奮、更開心的去達成目標都沒有辦法，因為，你會受旁邊的人干擾、影響。所以，你認識某一種類型的人愈多，就會讓自己的個性也變成那樣子。

人的個性是環境所塑造的結果。所以，只要我們認識更多樂觀，常常會鼓勵你的人，就可以提升能量，改造自己的環境。

每次講到這裡，總是有聽眾會問到：「老師，你說的我都可以理解，問題是，我自己的家人都是負面能量比較多的人，要怎麼辦？」

既然是家人，當然就沒有辦法不接觸，這時候，我會建議你，儘量不要讓他們的想法影響到你——尤其是任何關於你的批評。

如果你從小到大，都被爸媽或老師說：「你怎麼這麼不聰明？學習得這麼慢？」久而久之，你的潛意識也就認為自己不聰明、學習慢、做不到——這，也是一種能量負債。

現在，當你再次想到自己不聰明、學習慢等造成你能量負債的事情，或是當別人說你「不行，這件事你做不到的時候」，自己要有意識的去反抗負能量，提醒自己：「這不是真的，我可以的！」

一位職業婦女問我：「老師，我的老公總是嫌我胖，怎麼辦？」

「那妳自己覺得呢？」我反問。

「我本來是不這麼認為啦，可是我老公一直嫌，嫌到後來，我也覺得自己好像愈來愈胖了。」

這位職業婦女的潛意識中，已經被植入了負面的訊息，甚至認定自己是胖子。所以，我告訴她，下次這個念頭再出現時，要立刻對自己說：「不是的，你本來不是這樣子的，你一定可以很快瘦下來的。」

我們，都可以藉由肯定自己的方式來提升能量。當你的能量逐漸提升時，你身處的環境，也會變得更好喔！

你可以過更好的生活

現在，請看看你的生活環境、你所擁有的東西、你周遭的狀況、你的財務情形、你認識的人……，這些種種架構了你現在生活的模樣。

你可曾想過，你可以活得跟現在不一樣？

有一天，當我到熟悉的麵店吃午餐時，老闆娘拿出孩子從學校帶回家的資料，要我看看當中有什麼不合理的地方。

這是一張綜合資料表，除了要家長填寫聯絡方式，要學生勾選自己的專長、對各個科目的興趣外，還有一個項目是勾選家庭經濟狀況。

仔細一看，分為富裕、小康、普通、清寒、貧困。

老闆娘氣憤的說：「都快賺不到錢了，還要我們填這個?!」

或許是老闆娘的聲音太大，坐在另一桌，帶著小孩正在吃麵的一位太太，突然抬起頭說：「對啊，現在經濟那麼不景氣，怎麼可能多好？」

真的不可能嗎？

假如，你和麵店老闆娘，以及這位帶著孩子的媽媽一樣，打從心中認定：「有錢人的世界，不會是我的世界。」那麼很抱歉，你真的會跟有錢人的世界失之交臂。

這是因為，當一個人覺得生活上的種種，都是理所當然時，就很難提升到另一個世界，去做另一個世界的你。

現在，我將告訴你一個秘密，那就是，所有突破現狀的人，或是從原本的世界，提升到另一個世界的人，都曾經想過，自己要過什麼樣的生活。

不曉得大家在說著有錢人如何如何時，懷抱著什麼樣的心情？

可以確定的是，如果是抱著嫉妒的心態，就已經掉落了宿命的陷阱，所以，請趕快轉化，將心情調到「欣賞」的頻道，告訴自己：「他們的生活很好，我也可以做得到。」

二〇〇六年，我告訴自己：「我要到中國大陸開課。」

雖然，當時的我並不知道該如何進行，但是，當我開始萌生這個想法後不久，一位香港友人竟主動問我：「你想不想到中國大陸開課？」

二〇〇七年，我因緣際會拜訪一位十分成功的企業家。一席談話後，我體認到當一位成功的企業家，不但可以對社會做出更多的貢獻，影響更可以擴及全球，於

是，我告訴自己：「我要開一家公司。」

二〇〇八年的年中，許多與開公司相關的線索一一浮現；二〇〇九年，我真的如願開了一家公司。

我因為本書中的種種方法，在台灣、香港、中國大陸、馬來西亞開課，也開了公司，所以，我很樂意告訴大家，只要你想，而且真誠相信你可以，你就真的做得到。

當你的自我認定做得到時，心態也會跟著調整，生活的態度也會不同。一旦生活的態度改變，幫助你的方法就會自動出現，讓你成為你想要成為的人，過著你想要過的生活。

你曾經羨慕過誰的生活嗎？

不要只是羨慕，因為羨慕是將你和那個人隔絕的最大障礙。

想突破這一道障礙，讓你真正過你想要的生活嗎？

別懷疑，趕快做下面的練習，告訴自己：「我做得到！」

打造成功練習

你最羡慕或嫉妒哪一個人的生活？為什麼？

這個人的生活模式中，有哪些部分是你所想要的？

接上題，為什麼你想要它們，在下面寫出想要的原因。

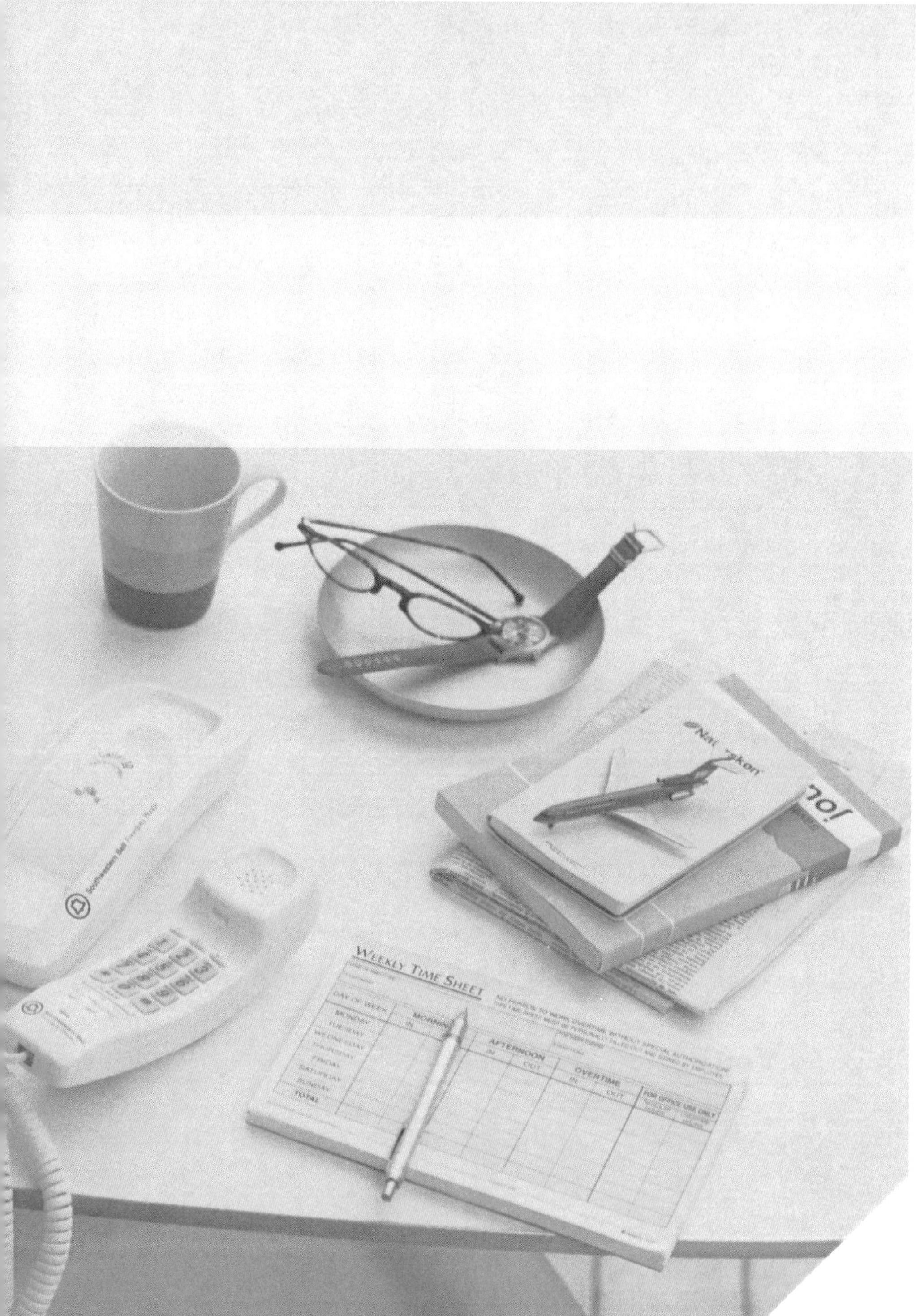
WEEKLY TIME SHEET
DAY OF WEEK
MONDAY
AFTERNOON
OVERTIME
FOR OFFICE USE ONLY
TOTAL

第五堂課

別讓他人幫你做決定

不想總是聽從別人的意見嗎？現在，做自己主人的時間到了。

千萬不要忽視決定的威力

每到新年的時候，許多人都會許願，象徵新年新希望。

我聽過最多人許的願望是：今年，我一定要減肥成功；今年，我一定會每天運動；今年，我一定要去做某某事……等。

但是，到底有多少人，認真的把自己的願望當成一回事?!

如果，你的願望一直沒有成功，原因就在於，你，忽略了決定的威力。

我在二〇〇五年時，決定要開一場數千人的課程，將我所學到的潛能激勵的方法和感動，也與大家分享。結果，當我下了這個決定後，許多幫助也一個接著一個出現，半年後，我果然開了一千人的課程，向大家傳達改變成功的方法。

我可以想像的是，假如當時我什麼決定都不做，現在的我，就不會認識那麼多台、港、馬來西亞和大陸的學員了。

一個認真的決定，將對你未來的人生，造成很大的威力；如果，你願意對你的決定認真，你的未來，將會出現很大的變化。

下不下決定，影響可大了！

每天，我們都生活在「做決定」中：早餐吃什麼？穿哪一件衣服出門？要不要帶傘？看哪一部電影比較好？

這些，都是決定。

我們總是以為，日常生活中的瑣碎決定，對我們的人生，並無法帶來多大的影響。

事實上，對於某些人而言，即使是瑣碎的事情，只要每天做一點點的改變，長期下來，就會有很大的變化。

一位學員在課堂上說，自己是一個很容易猶豫不決的人，連吃早餐這件小事，都要左思右想，最後才決定。

當她下定決心，不要成為一個對於瑣碎小事不猶豫的人，並且每天都提醒自己要果決時，她的人生將比往常多出許多時間；光這一點，就是個很大的改變。

另一位學員提到，自己在多年以前，因為一些事情，就再也沒有與父母聯絡了，可是，他其實還是會想念父母，尤其是逢年過節時更是如此，有幾次，他差一點就要拿起話筒，撥打出這個令他再熟悉也不過的號碼，卻總在最後一刻，被他愛面子的個性給壓抑下來。

然而，在上課時，他決定打電話回家，將多年的恩怨情仇一次化解。

不知道你是否注意到，當我們難以下決定時，那種反覆、不確定的感覺是很不舒服的？這是因為，不確定的事情很容易消耗我們的能量，長期下來，對我們的身心靈，都有一定的影響。

為什麼你遲遲不下決定？

許多人明明處在痛苦的環境中，卻遲遲不敢下決定，說穿了原因只有一個：那就是對於「未來會如何」這件事完全無法掌握，所以猶豫不決，原地踏步。

也就是害怕「對未來的未知感」。

在上課的學員中，最多人遇到的，就是對於感情和工作方面的未知感。

像是某先生說：「我和她個性不和，每天吵架，早就沒有感情了，可是如果分手，不知道還有誰可以像她一樣對我這麼好。」

或是某女士說：「我的公司福利差，老闆小氣又愛罵人，同事會在背後說我壞話，我早就不想幹了，可是現在經濟不景氣，離開公司會不會找不到工作？」

人們不敢下決定，是因為不知道做了決定後，結果會如何？

教你一個秘訣。

請告訴自己：「我即將做一個決定，做了決定後，狀況會比目前好。」

這麼一來，等於對自己的潛意識下了一個指令，並強化自己的信心，你會發現，你的決定是對的。

不決定，等於讓別人幫你決定

關於決定這件事，很有趣的一點是：「如果你不決定，那麼等於是把發球權交給別人，讓別人來幫你決定。」

有時候去參加婚禮時，會聽到主持人問新郎或新娘：「為什麼要娶她（嫁他）？」

多數時候，新人會細數另一半的優點。不過，我也聽過不少新人會說：「當初是他（她）追我的。」

這樣的回答，相當於將決定權交給了另一半。

雖然，你也可以決定將主導權交給別人，不過我倒是建議，自己可以做決定時，就不要讓別人幫你決定。

原因在於，當我們自己為自己做決定時，才能貼進我們的人生藍圖；如果讓別人做決定，就是成為別人人生藍圖的一個角色，進而失去了自我，也失去了快樂。

一位女性在演講結束後來找我，她說自己婚後就在家相夫教子，沒想到先生外遇，還說要一夫二妻，她不願意，先生就故意給她壞臉色，讓她十分痛苦。

「最近，連婆婆也說那個女人會賺錢，要我多擔待一些，我真的不知道該怎麼辦？」說著說著，她掉下了眼淚。

聊著聊著，我得知她有會計方面的專長。聊到會計時，她的眼神會突然發亮，「其實我以前在公司的表現還滿不錯的，半年就調升了，可見我的確有工作能力……婚後，我也曾經想過要出去上班，但因為孩子還小，先生和婆婆都不贊成。」

嗯，和這位太太聊了二十分鐘後，我發現，她婚後的人生，都是由先生和婆婆在決定，難怪她的先生敢要求一夫二妻，她的婆婆也要她忍讓。

「聽了老師的演講後，我想到結婚前的自己，其實我很喜歡上班，所以我決定要找工作，謝謝你。」

看著一直道謝的她，我都不好意思起來了，但我也很高興，她終於重新找回自己做決定的勇氣。

如果，你發現自己在人生中，你經常扮演著讓別人幫自己做決定的角色，何妨從現在起，開始計畫你的人生藍圖？想一想你希望過什麼樣的人生？想一想如何計畫來完成你的人生藍圖？

就從現在起，請你，作自己的主人吧！

讓決定發威的方法

成功的秘訣之一，就是排除其他的因素，只做你決定的事情。

重視自己的決定，不輕易更改

很多人在決定事情時，會一下子想到東，一下子又改成西，並沒有發揮專注的力量，無法持續，很難真正下決心。

許多時候，當你做出決定，還會遇到誘惑或困境，此時，請抱持堅定的毅力，繼續完成你的決定。

比雅查，是一位剛從脊椎治療學校畢業的年輕人，他的願望是在加州的蒙特利灣區開業。

「我們這一區的治療師已經太多了，你還是到別的地方開業，比較有機會！」當比雅查向當地的治療協會詢問相關事項時，得到的都是負面的答案。比雅查真會因此而另覓其他地點嗎？

不，他不但不放棄在這個美麗的地區執業的想法，還想出了一套方法，讓大家認識他。

他從一早就挨家挨戶地按門鈴，向人們自我介紹，並邀起居民到他的診所參觀。

比雅查就這樣子持續了十個月，每天花費十小時的時間，做著相同的事情。十個月下來，他總共按了一萬兩千五百戶的門鈴，拜訪過六千五百人。

第一個月，他的病人有二十三人，之後，病人愈來愈多，曾經有一個月，他賺進了七萬二千元美金的紀錄。

這位年輕小伙子，憑藉他的毅力及熱情，讓協會人員跌破眼鏡，也讓大家看到，只要做了決定，想方法克服困難點，最後的結果，就會和你想的一樣美好。

讓大家知道你的決定

還記得在運動會時，都會有一位選手代表大家宣誓嗎？

宣誓的意義，就在於告訴自己，同時也告訴大家：「我會遵守運動家精神。」

當我們很認真的做出一個決定時，為了讓自己不受到外界的影響，不妨告訴身旁的人你的決定，運用公眾的力量，讓大家協助你完成。

舉例來說，如果你想要減肥，當你把這個消息告訴大家後，一旦你吃了油炸甜膩的食物時，朋友們就會發揮監督的角色，提醒你該多吃健康的食物。

幾年前，我因為事情繁忙，經常到凌晨二、三點才睡，然而，隔天又要七點起床，嚴重影響了睡眠。

於是，我告訴自己：一定要在十二點前就寢。

做了這個決定後，我甚至在MSN上寫著：「如果有人看到我十二點後還在線上，就可以向我拿一千元。」

過了一個星期……

有一天夜晚，我正進入夢鄉，突然，行動電話響起，是一位朋友打來的。矇矇矓矓的接了電話，朋友告訴我：「你還沒睡厚?!小心一千元要飛了！」聽到朋友的話，我滿頭霧水，數秒後才清醒——原來，是我忘了關電腦。看！眾人的力量，真的可以協助我們持續朝決定的方向前進。

有時，我會遇到學員說：「老師，我不好意思讓大家知道我的決定啦，我怕被人笑！」也有人說：「我才不告訴別人呢，如果我做不到，不就反而被笑？」

嗯，我相信許多人會有這層考慮，不過，請想想，如果你不決定，未來的損失會有多大？

和未來的大損失相比，你就會發現，一時被笑真的不算什麼！

每天都要檢視效果

就像學生每天會檢查書包、作業一樣，當我們做了決定之後，也要每天檢視效果。檢視效果最好的方式是寫每日紀錄。

比如，小芳想要改善拖延的行為。每天晚上，小芳可以找一個時間，坐下來回想今天拖延的次數，並將次數記下來。每天寫紀錄，一方面可以提醒自己，另一方面也會更加強我們改變的決心。

下頁有一張改善不良習慣表格範例，在此也提供給讀者們參考。

媒體曾經報導，郭台銘常說：「魔鬼都在細節裡。」不只是經營企業，在我們的人生中，細節也十分重要。

再次強調，你以為沒關係的不良習慣，它們都可能是阻礙你人生更美好的細節。

我想改變的事情／日期	項目	正面想法（達成）	負面想法（拖延）
	如：少吃消夜	正一	一時貪嘴：正正

→這邊畫正字記號，可以很快看出次數

打造成功練習

過去，你曾經做過什麼樣的決定，當時你並不覺得它很重要，卻影響了你的人生？請在下面寫出來。（例：決定要認真唸書；決定參加某個派對，而認識了另一半；決定上某所大學。）

想一想，現在你有什麼猶豫不決的事情？做了決定之後，你的人生會如何？

現在，你想做哪些決定，讓這些決定可以改變人生的細節

（不必求快，每天只要做一點點的改變就可以了。例：每天看一頁書、每天運動、戒菸戒酒。）

APRIL
Air Mail

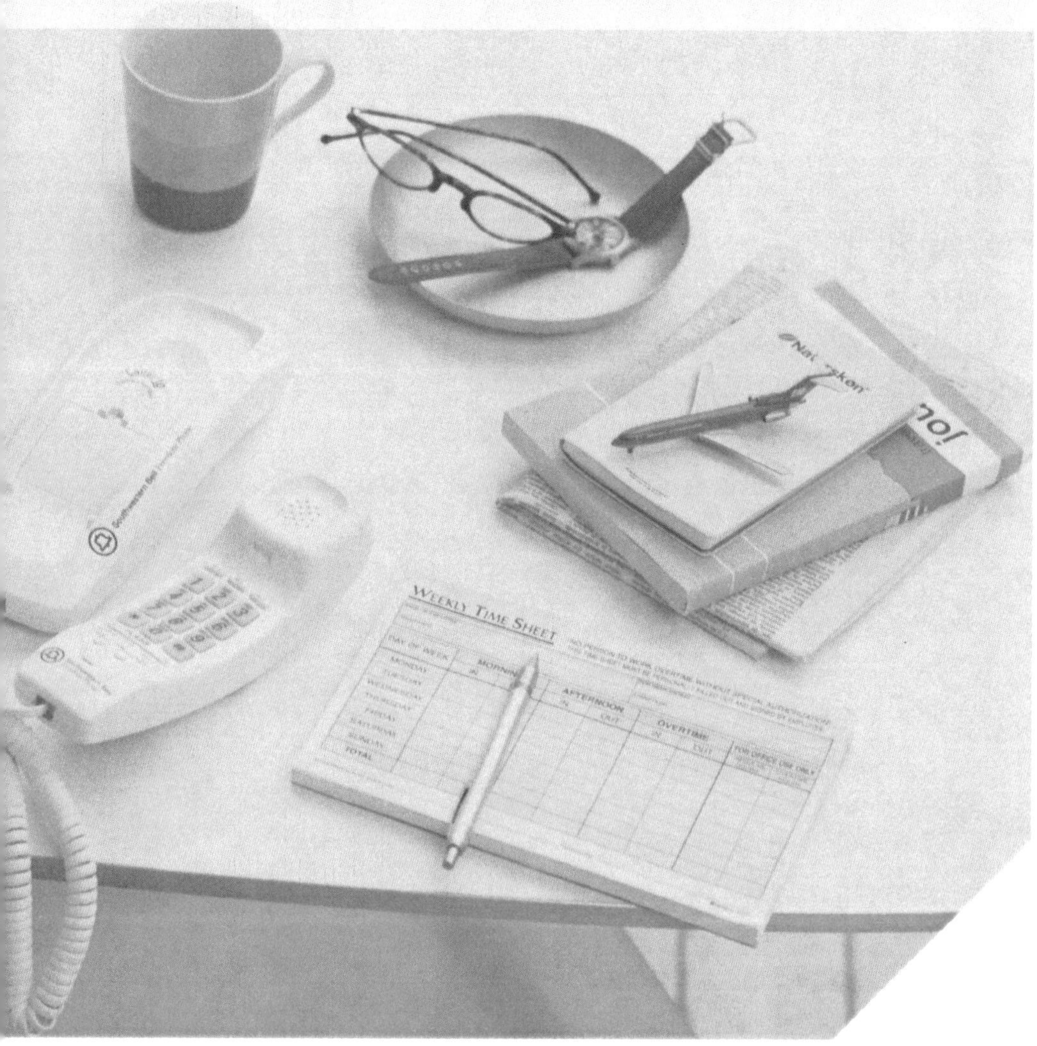
WEEKLY TIME SHEET
AFTERNOON
OVERTIME

第六堂課

充分發揮想像力

想像力，是上天賦與人類最可貴的禮物之一。

請在事情尚未進行前，就先運用想像力將事情的發展想過一遍，彷彿自己已經真實的進入心所想像的情境，確定這就是你要的，並明確的達成。

想像，絕對不是白日夢！

說到想像，總有人認為這是一種白日夢，他們不願意想像，也不喜歡想像。

其實，這是因為他們不相信自己的想像會實現，而，要一個不相信他所想像的事情會實現的人來想像，的確是白日夢。

但對於一個相信想像能實現的人，想像便有了不同的意義。

我所說的想像並非只是一種憑空的空想，更不是白日夢。

相信想像會實現的人，他的潛意識便會將想像當成是一種「發生」，於是，在一次又一次的想像轉換為發生時，也加深了想像成真的信心及欲望，而為了達成內心中所發生過的無數次的想像，你便會產生更大的決心，找到更多的方法，「看」到更多的機會，最後就成為真實的「發生」。

在人類歷史上，我們所看到的發明，都是由「想像」而誕生的；而許多成功的企業家，在創辦基業之初，就根據所想像的願景來規畫五年、十年、五十年，甚至百年的執行方針。

為了儘早完成我們的目標，懂得想像就變得格外重要。

你，還能小看想像的重要性嗎？

你比自己以為的更擁有無限可能

在一堂講解想像力的課程中，我以一個小實驗，告訴大家，想像力是多麼的不可思議。

「請大家站起來，將手往左右兩旁伸展，並確定不會影響到別人。」

當大家都找到適當的空間後，想像力實驗就要開始了。

「將雙腳打開與肩同寬，慢慢將雙手轉到右後方，但腰不能跟著轉，看看自己最多可以轉到哪裡？」

「現在，回到原位，然後閉起眼睛，同樣慢慢將雙手轉到右後方，想像你的手可以超過原本的位置，再想像你的手可以轉得很多，多到很誇張……現在，張開眼睛，看看你伸展到哪裡？」

幾乎只要講到想像力，我都會讓聽眾進行這個小實驗，每一次約有百分之

九十九的聽眾，都很驚訝的發現：第二次竟然可以比第一次轉得更遠！

為什麼會這樣？都是同一個身體？而且第一次的伸展明明就已經是極限了，怎麼第二次伸展的幅度卻更多？

這，就是想像力的效果。

愛因斯坦曾經說過：「想像力比知識更重要，因為知識是有限的，想像力卻可以無遠弗屆。」

萊特兄弟因為想像在天空上飛翔，製作了第一架飛機；許多白手起家的企業家也曾經想像過自己創立企業王國的模樣；更令人瞠目結舌的是，光是運用想像力，就會有實際的效果。

歷史上，有一個十分知名的故事是這樣的：

二次世界大戰時，納粹將一位囚犯的眼睛綁上布條，並告訴囚犯他會被刀子劃破血管，直到血流光為止。不久後，囚犯死了。

真相是，納粹只是用很像刀子的東西劃他，囚犯卻在極度恐懼的想像力下，瞬間腎上腺急速分泌，最後因為心功能衰竭死亡。但一直到死，他都不知道這次的行刑，竟只是納粹的實驗。

納粹的實驗，十分殘忍，卻也讓我們看到，光是用想的，竟可以把自己「想死」。

另一個實驗是這樣的。令一群人想像手舉啞鈴，幾個月下來，這些人手部的肌肉真的比實驗之前還有力。

這，就是想像力造成實際效果的最好證明。透過想像力，你，真的可以打破許多的框框，也比你以為的自己更有無限可能。

運用想像，讓人生變得更好！

不知多少次，我聽到人們談論著：「信義區的豪宅一坪要九十萬，我看我三輩子都不可能住在裡面。」、「某某名媛的包包一個就要數十萬，我買不起。」、「看！她每天都穿名牌，超貴的！」……

我們的人生不一定要以追求金錢為目標，但是，想要突破現實框架、達到自我實現的目標，一切都起源於想，敢想，與想像的力量。

每當我聽到，或感受到人們羨慕的眼光時，我多想告訴他們：

「其實，你也可以做得到。」

只要，你願意運用想像力，並著手去做，你絕對有機會實現自己的夢想。

善用想像力，讓夢想實現

想像力是幫助我們突破個人框限最好的朋友。

演講時，我會要大家舉出一個他們很希望擁有、卻尚未擁有的東西，然後運用想像力，開始想像自己已經擁有這樣東西的感覺。

一位上班族提到，他很希望擁有一部ＢＭＷ５２０。我請他閉起眼睛，想像自己已經有了一部ＢＭＷ５２０，在一個天氣晴朗的日子，他開著這部心愛的車子，在路上奔馳，感受車子的性能與舒適……

結束想像後，我問這位仁兄感覺如何？

「ＷＯＷ！」他神采奕奕的說：「真的好棒！我從來不知道運用想像力，也可以這麼逼真！我一定要往我的目標前進。」

想像力，是每個人都有的寶物。一旦我們開啟想像力的能量，接下來就會想要，然後產生欲望，並激發動力，最後，就會真的付諸行動，達成我們的目標。

我是在安東尼．羅賓的課程上，感受到想像力那驚人的力量。巧的是，近年來轟動全球的暢銷書《秘密》中，也證實了許多名人使用這個方法後的效果——想像，然後得到。

有人運用它，順利找到了停車位；有人想著與某位許久不見的朋友通電話，不久後，那位朋友就出現了；有人想像自己的另一半的條件，然後很驚訝的發現，這個人果真存在……

想像力的力量，遠比你我「想像」中的來得大，所以，請盡可能盡情的使用你的想像力吧！

運用想像力，需要多演練

運用想像力實現夢想，等於是將未來的情形，在腦海中預先演練。這樣的練習，可不能只練一次，而是多多益善，讓自己有身歷其境的感覺。

我看過一部電影《命運好好玩》（Click），片中，男主角就是一個十分會想像的人，他總是想像成功。有一天，他得到了一支「無所不能」的遙控器，改變了自己的人生，得到了他一直冀求的種種。

在這部片子中，男主角「想像」的運作方式，可說是讓想像力發揮到淋漓盡致的境界。

演講時，我也喜歡現場讓聽眾學習使用想像力，先從簡單的東西開始想起。比如：在想像一隻香味四溢的烤雞腿時，盡其可能想像雞腿的種種，從烤得焦黃的色澤、脆脆香香的皮，到一口咬下那肉質的滑嫩……；我也會要大家想像看似不可能的事，像是想像身處在一場台北雪中，那種驚喜的感覺、和朋友一起打雪仗的情景……等；最後，我會引導大家想像自己美好的未來。

思想，創造了我們現在的生活；現在街上開過的車子、沈下海面的潛水艇，都是先有想像，才被創造出來的。

你，想過怎麼樣的生活？

不妨運用你的想像力，為自己創造出一個你想要的生活吧！

想像時，愈細緻愈好

現在，教你一個讓想像力升級的方法——在想像的時候，愈注重細節愈好。

一位女性在課堂上寫到，她希望能到日本旅遊。

日本，是一個很大的目標，但還不夠細。

「妳希望到日本的什麼地方呢？」我問。

「嗯，北海道吧！」

「那麼，妳希望在什麼季節去？」

「欸，我還沒想過耶。」她回答。

「那，妳想去北海道哪些地方？」

「我也還沒想耶。」女孩說。

聽了她的回答，我告訴她，不妨趕快蒐集北海道的資料，想像自己在每個她想去的景點遊玩得很快樂，並吃了很多美食；想像在美麗的星空下泡湯的感覺……等全都放在腦海中想像，讓這股力量推動自己實現夢想。

潛能激勵老師安東尼．羅賓曾經說過一個運用細緻想像力完成夢想的經典例子。

話說很久以前，他到俄羅斯旅行，在火車上，他突然心血來潮，將地圖翻到背面，畫出未來妻子的模樣。

結果，一年後，他出書並且上節目侃侃而談，大受民眾歡迎；次年，他結婚了。有一天，當他在整理物品時，無意間翻出了他在火車上時的畫——哇！他妻子與這張畫的相似度，竟高達百分之九十！

我有許多從事業務工作的學員，甚至會運用想像力來協助業務成功。比如，在拜訪客戶之前，就先想像自己與客戶見面時的流程，兩人相談甚歡，最後案子成交；或是想像和暗戀的她見面時，你倆會到的地方、吃的東西、聊的話題、相處的美好氣氛，到最後你送她回家的畫面。

市面上很多東西，都可以用金錢買到，除了空氣、陽光、快樂、幸福買不到以外，你的想像力，別人也買不到、奪不走。

請從現在開始，就習慣運用想像力，想像著接下來會發生的所有事情，都是這麼的美好！人生，真的充滿著無窮的希望！

打造成功練習

現在的你有什麼需要改進的，想一想如果不改變，五年十年後，你的人生會怎麼樣？你喜歡這樣的人生嗎？

現在的你幾歲？你希望十年後的自己擁有什麼？畫情想像你已經擁有了的愉快畫面和感覺。

想像當你死後，你希望人們在談起你時，會用什麼樣的語句？

（如：他是個大好人、他很有愛心、他很有錢……）

在夢想完成前，也可以多看看成功者奮鬥的故事，你會發現：原來世界上竟然有這麼多人　在條件不佳的生活背景中，也能達到他們的夢想。

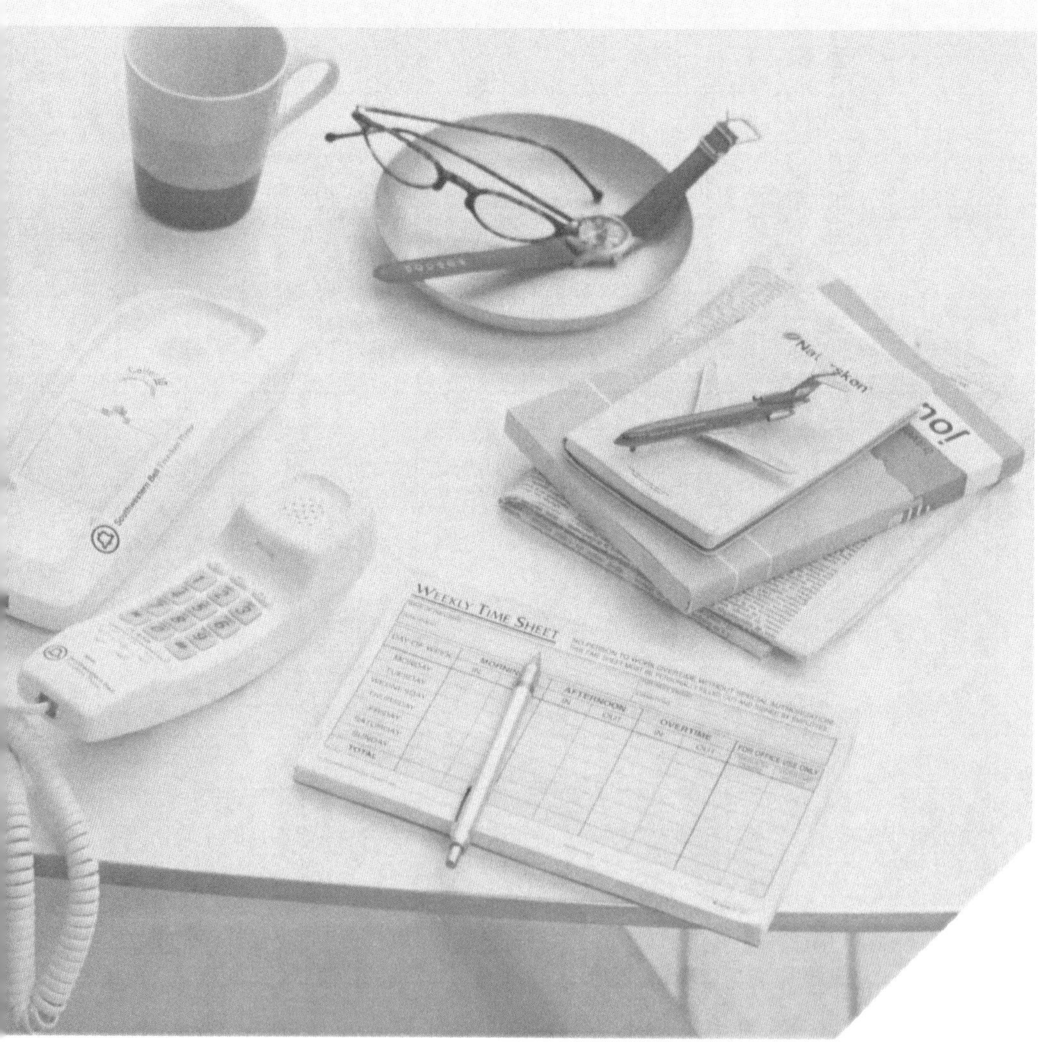
Weekly Time Sheet

第七堂課

徹底粉碎無力感

告別無力感之後，所有的事情，都變得更順利了！

兩大誤會，形成無力感

有一隻象，從小就被主人以鐵鍊綁住腳。

每當小象嘗試往前走，總是走到一半，就發現自己被鍊住，如果硬是要前進，腳就會被鐵鍊箍得很痛。經過一次次的嘗試，小象確定自己怎麼樣也無法再前進一步，於是，牠放棄了。

隨著時間愈久，小象也長得愈大，這時，小象的力氣已經大到可以掙脫鐵鍊，牠卻因著以往的經驗，從未試著解開，最後成為馬戲團中表演的象。

許多人，就和小象一樣，因為我們過去經驗的挫折感和無力感所打敗，卻不知道，只要再試一次，就可以成功。

我經常聽到學員們提到「很無力」，彷彿再怎麼樣也無法改變了。

真是誤會啦！到底是什麼樣的誤會，讓我們的心中形成無力感？

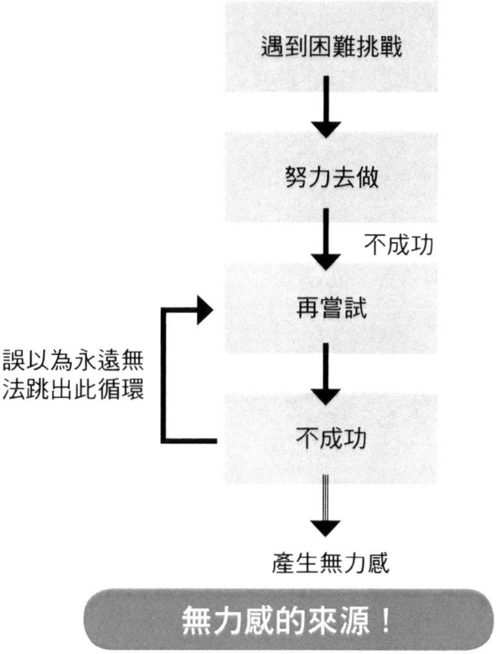
遇到困難挑戰
努力去做
不成功
再嘗試
誤以為永遠無法跳出此循環
不成功
產生無力感
無力感的來源！

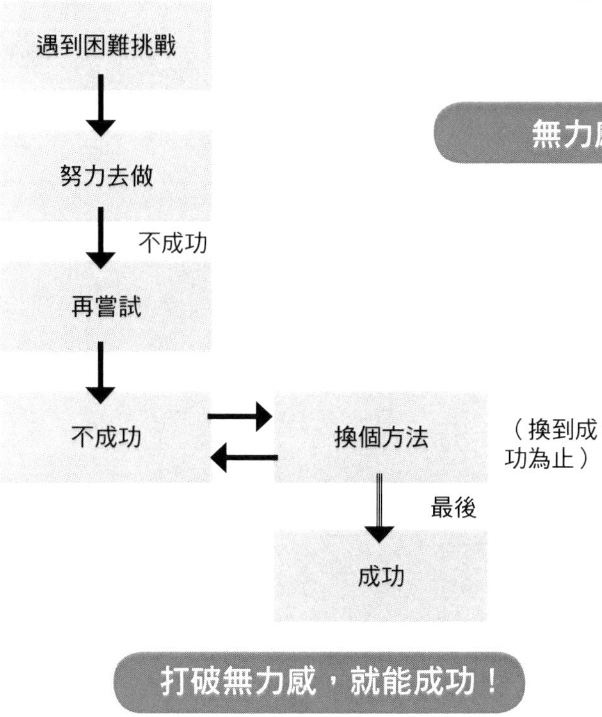
遇到困難挑戰
努力去做
不成功
再嘗試
不成功
換個方法
（換到成功為止）
最後
成功
打破無力感，就能成功！

誤以為事情沒有辦法變得更好

近來，人們最常聽到的問候語是：「景氣很差，業績一定有影響吧！」聽多這樣的說法，一定會讓你的內心充滿了無力感，如果，你的心中接受了「現在景氣不好，業績不好也是應該的」這種說法；或者你的想法是「現在不是自己的問題，而是大環境整個情況不佳」時，你就會讓自己可以接受業績不好。

但是，同樣是景氣不好，有沒有人的業績還是很好的呢？

從許多報導中我們也發現，即使大家都說景氣不好，業績逆勢上升的人也是有的！

所以，你反倒要告訴自己：「景氣不好，才是最好的時機。」

來看看業務員小彬的故事。

小彬在進行陌生推銷時，來到一家商行。

才自我介紹不到兩句，老闆娘就打斷他，表示自己很忙，要他下次再來。

回想當時的情形，小彬說，當時老闆娘正在看電視，完全看不出來哪裡忙，但他還是禮貌的離開，等待下次的拜訪。

每一次，老闆娘都和之前一樣，以各種理由，給小彬軟釘子碰。

小彬說，到了第四次經過這家店時，他的心中產生了一種無力感，真希望老闆娘直接拒絕他，好讓他死了這條心，偏偏，老闆娘仍然和和氣氣的說今天很忙。

同事們聽了小彬的描述，都認為這位老闆娘根本在整小彬；也有人告訴小彬，就算再去一百次，結果還是一樣，不會買就是不會買。但小彬依然不放棄。

就這樣，小彬總共拜訪了老闆娘八次，終於感動了老闆娘。

於是，小彬的故事，也成為業務主管在勉勵同仁時，經常提在嘴邊的例子！

我們大多數人，都和小彬的同事一樣，覺得決定權掌握在別人手上，當別人不同意時，無力感也就隨之產生。

其實，這是因為我們誤以為事情沒有辦法變得更好。

但小彬的想法卻很正面，即使買不買商品的關鍵人是老闆娘，小彬還是決定要繼續拜訪；與其說決定權在老闆娘身上，倒不如說是小彬的決心，影響了老闆娘，

也破解了「去一百次也不會買」的想法！

誤以為自己沒辦法改變現狀

很多人與另一半相處不順時，會說：「他不改變，光是我自己改變也沒有用！」、「他不成長，只有我成長，我們兩個人還是合不來！」、「我跟他，唉！雞同鴨講啦！」

也有很多人與父母、朋友溝通時，因為理念不同，到頭來不歡而散，於是認定：他們就是老觀念啦！說不通啦！再怎麼說也沒用。

現在，你是否也遇到了同樣的情形呢？

你以為別人不改變，事情就不會變好，無力感也就在此時蔓延滋生。

其實，那是因為你誤以為自己沒有辦法改變現狀。

我們從小到大，對於許多事情早就有了先入為主的觀念，兩人相處時會有所謂的不合，也是這種主觀想法造成的，所以，只要你願意改變自己的焦點，看法就會不一樣。當然，前提是你真的希望兩人的關係變好。

由於雙方的溝通模式已經建立了許久，在改變之初，或許比較難，請你一定要走過這一段改變期，讓彼此的相處模式回溫。

再來，請記得，如果別人不改變，至少我們自己要改變——不在翹翹板的其中一端施點兒重量，翹翹板是不會動的，你說是嗎？

鏟除無力感，這樣進行

一：破除僵局法

如果，你的無力感來自於遇到僵局，覺得無法突破或不會好轉時，請使用想像法。

首先，想像你對於僵局的負面感覺，然後配上很好笑的音樂（如：馬戲團的小丑音樂）；再來，想像造成僵局的那個人，變成了很滑稽的人（如：想像對方長了兩個米老鼠的耳朵）——這麼做可以打破對方在你腦海中既定的負面觀感。

接著，讓事情以倒帶的方式回想一遍，找出僵局是從哪一句話開始的。最後，想像事情重新再來一次，而這次是照著你心目中所想要的美好的畫面、台詞來進行。那麼，當下次你們兩人見面時，當僵局快出現時，你就可以照著你所想像的腳本走。

你會發現，一旦你改變，對方也會改變，這麼一來，僵局就有機會被打破。

有一回，我讓學員進行這樣的練習時，一位女性有感而發的說：「每次我和老公在溝通時，他就會說：『不然妳想怎樣？』然後我的火氣就上來，戰火就升高了。」

發現到這一點時，她開始預習，當老公下次說「不然妳想怎樣」時，就用一個冷靜的答案來回答；真的這麼做時，她發現，老公竟出現不知所措的反應，原本劍拔弩張的場面，也因而平息。

二：用未來日記，寫出好機會

如果，你的無力感來自於曖昧不明的情境，不知道如何突破時，還有一個非常好的方法：寫未來日記。

有個學員提到，他很欣賞公司的一位女同事，想要約她一同吃飯，卻不知道約了之後，對方會有什麼反應？

「你打算什麼時候約她？」我問。

「星期五下班後囉！」

我算算日子，嗯，還有三天。

於是，我告訴學員：「你回家之後，趕快將這個問題寫在一本日記上，然後，在問題的下面，寫出各種她可能會出現的反應。」

如：A：星期五一起去吃晚餐，氣氛非常的好。

B：她說這星期五沒時間，約改天。

C：……

然後，當星期五到時，不管對方的反應如何，都曾寫在未來日記裡，自己也都先預想一次了。

寫未來日記，是連接「現在的我」和「將來的我」最好的橋梁。當你連最差的情況都先想過一回時，心中已經有了對於各種回應的心理準備，也就不會再一直想著這件事了。

我強烈建議大家持續寫未來日記，當你將所希望的結果寫在未來日記時，你會發現，好機會和好答案還真的很多呢！

另一個優點是，當你半年或一年之後再回頭看之前曾經發生的事情時，就會發現：當時覺得很困擾的事，原來並不那麼嚴重喔！

打造成功練習

現在，你對哪些人、事，感到十分無力？

接上題，請寫出你想如何改變？

請針對一件你想改變的事情，寫出可能出現的各種結果或反應

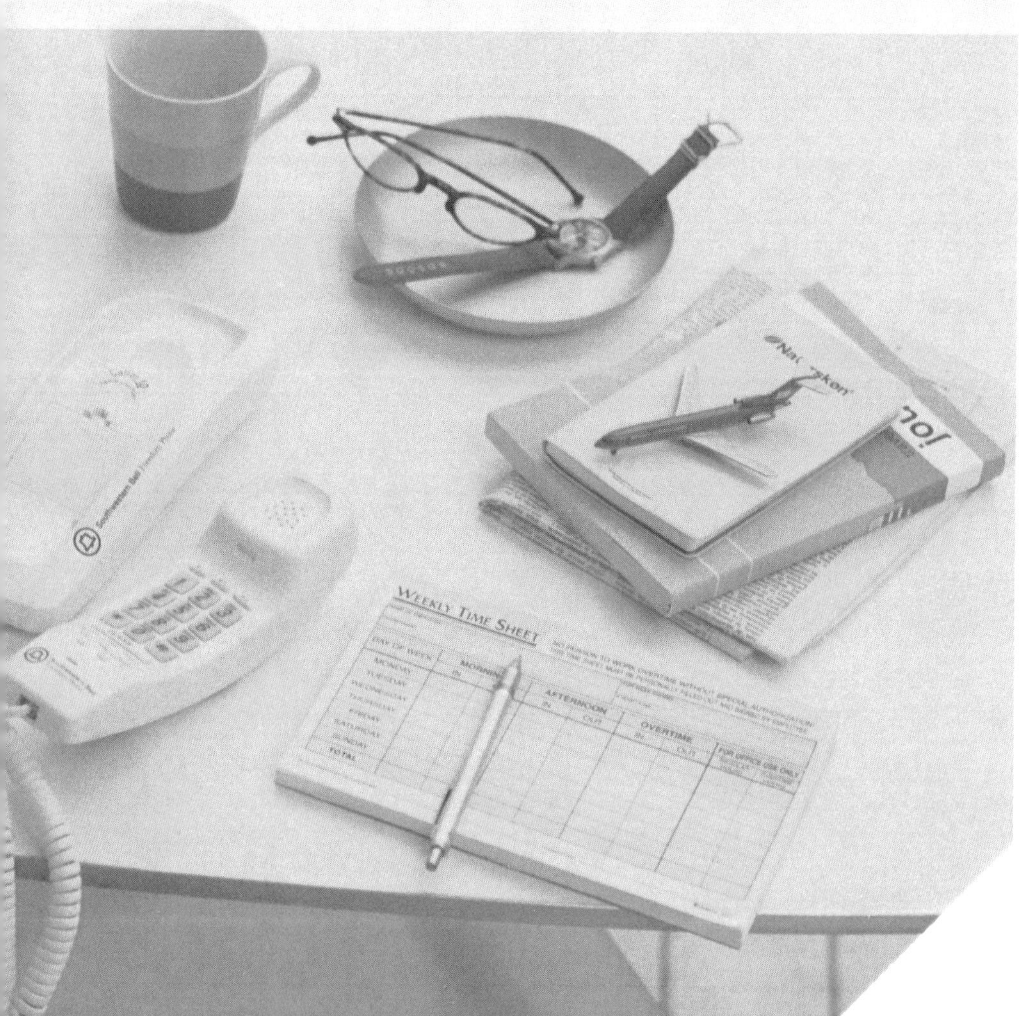
WEEKLY TIME SHEET
AFTERNOON
OVERTIME
TOTAL

第八堂課

加快改變的速度，這樣做！

只要將負面的神經鍊連結改成正面的，就能加速事情的成功。

神奇！不可思議的神經系統

「有蟑螂～～～」

記得在讀小學時，有一天，班上出現了一隻蟑螂，頓時，只聽到尖叫聲此起彼落。上了國中後，也遇到類似的情形。

仔細想想，蟑螂長得不就跟甲蟲差不了多少，個性也比甲蟲要友善，有些種族甚至將蟑螂列為美食，可是為什麼那麼多人一看到蟑螂就會害怕、會驚聲尖叫？

原因，就來自於我們大腦中，不可思議的神經系統。

我們的大腦，是由一千億個神經鍊細胞組合而成。當我們思考或遇到特定事情時，神經鍊之間，會透過電流的傳送，連結得更穩固。

所以，當我們在小的時候，第一次看到蟑螂，同時也聽到媽媽的尖叫聲時，我們的神經鍊就會將「蟑螂＝害怕＝尖叫」連結在一起。隨著我們愈長愈大，每遇到一次蟑螂，每聽到一次媽媽害怕的尖叫聲時，認定「蟑螂＝害怕＝尖叫」的神經鍊，就會更穩固。

這也就是為什麼，明明蟑螂一點都不恐怖，偏偏卻有那麼多人怕牠。

負面的神經鍊連結，影響超大

神經鍊的作用，是十分強大的，除了蟑螂的例子外，我們的生活、習慣、情緒，也深受神經鍊的影響。

小芳，是一位二十五歲的上班族，在公司擔任總機的她，總是開朗活潑，可說是公司裡的笑臉達人。有一天，當我到她的公司去拜訪老闆時，卻發現她有些憂鬱，跟印象中的她大不相同。

「小芳，妳是不是有什麼心事？」我問。

「也不是啦，只是不知道為什麼，只要遇到下雨天，我的心情就會受到影響。」小芳苦惱的說：「真希望趕快放晴。」

類似小芳這樣，被天氣莫名其妙影響心情的人，並不在少數。其中，又有很多人是因為過去發生了某些事情導致心情不佳，而事情發生時，剛好都是雨天，因此，神經鍊就將「下雨＝心情不好」連結在一起了。

我認識一位業務員小陳在回憶時提到，第一次對於下雨的不良印象，發生在小學一年級時，本來期待的校外教學，因為下雨天而取消，搞得心情很不好；還有一

次，他撞見女友跟別的男生手牽手，那，也是一個下雨天。

在小陳的人生中，許多令他心情不好的事情，剛好都發生在下雨天，因此，小陳的神經鍊也就強烈的認為「下雨天＝心情不好」。

但，小陳的心情不好真的是下雨引起的嗎？

當然不是。

只不過，神經鍊就是這麼不可思議的會將「下雨天＝心情不好」連結在一起。

讓神經鍊連結從負面變正面，這樣做

正因為神經鍊的連結會隨著我們每遇到一次事情，就愈來愈增強，不知不覺中，左右了我們的思想，讓我們以為「事情就是如此」、「沒辦法了」，也影響了我們的人生，所以，我們更要擊破錯誤的神經鍊連結。

秘訣一：打斷負面連結

小婷和小剛因為一件小事愈吵愈凶，此時，小剛突然想起，自己不久前聽到我在演講上提過的方法，於是，小剛對著小婷做了一個很滑稽的鬼臉，原本氣嘟嘟的小婷也笑了出來，火爆的氣氛，頓時降溫。

小剛所做的事情，就是打斷負面連結。

打斷負面連結的作法很簡單，那就是當你發現事情開始不妙時，就以一句不相關的話或動作，讓這件事情中斷，並拿回主導權，將事情導向另一個你想要的方向。

當負面連結是來自於我們自己時，當然更要切斷神經鍊的連結。

一位從事提案工作的學員小威告訴我：「不知道為什麼？每次去提案時，對方的年齡如果跟我差不了多少時，我在說明案子的時候，就會很有信心，表現也很好；假如對方的年齡比我大，我就會十分緊張，真讓我懷疑，自己是不是跟長輩磁場不合啊？」

當然不是，與小威深談後，我得知他從小在一個權威的家庭中長大，只要是父

親說的話，絕對不能有任何的意見，否則就會挨棍子，造成現在他面對長輩型的準客戶時，就會畏縮。

於是，我建議小威，不妨在日常生活中，多與長輩聊天，像是鄰居伯伯、鄰長；就連平常去吃飯時，也可以多與煮麵的伯伯們多聊聊，一來可以習慣與年長者交談，二來也可以減少長輩在小威心目中牢不可破的威權形象。

打斷負面連結的方法，可以用在許多地方，除了上述的例子外，我們可以在手腕處套上一條橡皮筋，當我們發現自己的情緒開始緊張、生氣、焦慮……時，就趕快彈一下橡皮筋來提醒自己（這個彈橡皮筋的動作，就是一種打斷負面連結的方式之一）。

每個人都有自己的行為模式和習慣，一位學員就說：「我發現我的老婆快生氣時，就會將雙手交叉，上了課之後，只要我看到她的雙手交叉時，我就趕快去牽她的手，果然就不會吵架了。」

打斷負面連結的方式，既好用又簡單，但是，若遇到無法採用打斷負面連結的場面時，該怎麼辦呢？

秘訣二：消除負面連結，同時建立好的連結

查理和瑪莉是一對熱戀中的情侶，兩人都深深受到對方的吸引，明明才剛約完會，回到家後，又拿起電話聊天。

瑪莉的公司，是一家十分有組織的國際公司，福利很好，並有許多社團，瑪莉加入的是熱舞社，原本每星期只需要練一小時，不久後，團長提到公司將舉辦運動會，每個社團都要表演，愈接近運動會日期，練習就愈頻繁，就連假日，瑪莉都在練習中度過，幾乎抽不出時間和查理約會。

回到家後，瑪莉已經疲憊萬分，此時查理又頻頻追問瑪莉，為什麼一定要練到這麼晚才回家？原本的情話綿綿，到後來都以抱怨和吵架收場。幾天下來，瑪莉開始覺得，與查理講電話，是一件十分痛苦的事，甚至脫口而出說：「我們要不要暫時先分開一陣子？」

瑪莉的情況，就是跟神經錸的負面連結有關。此時，如果放任負面連結繼續下去，結果可想而知。

於是，我告訴查理當務之急，就是先去除兩人講電話時那種不愉快的感覺，並且讓瑪莉重新回到快樂的連結。

怎麼做？包括講電話時多體諒瑪莉的處境、不質疑也不追問，當瑪莉忙完了之後，計畫一次甜蜜之旅，讓瑪莉對查理的連結，從不愉快回到愉快。

建立好的連結的秘訣在於，讓對方有快樂、高興、美好的感覺。

這個秘訣不只可用於追求女友，對公司行號業務洽談，也很有效喔！

我認識一位銷售天后在面對客戶時，經常都笑迷迷的，說話時也充滿熱情，客戶看到她，都覺得突然有了活力；另一位業務員則是走心靈派，她的客戶都很喜歡找她吐露心事，說只要跟她說過話，心情就變好了。

現在的你，想給誰美好的連結呢？加油！你一定做得到！

秘訣三：只要三個月，就可以讓痛苦消失

小王是一位業務人員，他十分認真，卻一直苦惱於無法突破業績，感情也不順利。

和小王談過之後，我得知在小王幼稚園時，他曾經目睹父母親因為錢的事情吵架，最後以離婚收場，從此，小王就沒有再見到他的媽媽，而小王的爸爸則一直重複罵著：「小王的媽媽是一個愛錢的女人。」

不知不覺中，小王的潛意識認為：「錢是不好的，會讓人吵架！」、「女人都是見錢眼開。」於是，小王無法完全發揮自己的業務潛能，甚至嚴重影響到他的兩性關係。

於是，我建議小王，每個月不妨從收入中撥出一小部分，做自己認為很有意義的事情，像是贊助公益團體，買食物幫助三餐不濟的人……都可以。久而久之，他就會感受到，原來，錢是這麼棒的一種能量。

當小王的潛意識中對於金錢不再有負面感覺時，他的業績不但有了起色，與女

友的感情，也有了突破。

根據統計，當我們真正進行神經鍊的正面連結時，只要三個月，就可以讓一種痛苦消失。

現在，想想什麼事會讓自己快樂。然後，當痛苦來臨時，就趕快去做那件事情。

還記得在前面我所提到的，只要下雨天，心情就會莫名其妙變差的小芳嗎？

她告訴我，她在吃冰淇淋的時候，心情是非常快樂的。於是，我教她一招——以後只要遇到下雨天，趕快去吃冰淇淋。幾次之後，我們的大腦，就會漸漸將「下雨天＝心情不好」，改變成「下雨天＝快樂」了！

一想到只需要三個月，就可以將從小到大，困擾著我們的痛苦情緒移除，是不是很棒呢？

請持續進行喔！

你所認定的痛苦與快樂決定你的未來！

請問，上班偷懶對你來說，是快樂還是痛苦？不運動對你來說，是快樂還是痛苦？晚睡對你來說，是快樂還是痛苦？

你知道嗎？你所認定的痛苦與快樂，將決定你未來的人生。

運用快樂與痛苦的槓桿，來強化改變的動力！

在第一堂課中，我曾經提到，「成功的致命傷」之一，就是無法到達改變的臨界點。

換句話說，因為人們對於一些不良的習慣感到「習慣」，覺得快樂，即使覺得應該改變，但畢竟「不改變的快樂大於痛苦」，最後又回到原點。

所以，如果你真心想改變，就必須運用快樂與痛苦的槓桿，來強化改變的動力。

什麼叫做快樂和痛苦的槓桿？

簡單來說，就是將一件事情所帶給你的快樂，和它帶給你的痛苦放在天秤上做比較，如果快樂大於痛苦，那麼這件事情一定會繼續下去。反過來說，如果痛苦大

於快樂，做這件事情的動力就不可能持久。

快樂和痛苦，主宰了我們人生的一切行為——認清這個道理將不僅可幫助我們達到成功的終極目標，對於組織、團隊的領導者，也有相當大的幫助。

許多人剛踏入社會的時候，往往滿懷著雄心壯志、對未來充滿了希望與願景。經過一段時間的打拚後，有的人順利成功，一步步實現自己的夢想；有的人可能不是那麼幸運，覺得老天爺不賞臉。

當遇到挫折與挑戰時，心中怎麼想，就是成功最重要的關鍵。很多人往往不是不能成功，而是還沒等到成功的那一天就放棄。其實這是很可惜的，因此，當遇到挫折時，最需要做的就是檢視自己在生活上、工作上各方面的快樂指數。

當心重要的警訊：快樂感不見了！

當我們發現：自己最近對於某個人或某件事情，不再像以前那樣喜歡，有快樂的感覺，甚至開始產生厭煩或不高興的感覺時，就代表著事情已經到了該做些改變的時候了！

當我們對於任何事的快樂感不見了，是一個非常重要的警訊。偏偏，這個警訊卻也經常被我們忽略。此時，如果沒有讓自己做適度的調整，這種不快樂、厭惡的情況就會更加惡化下去——不管是對於某一個人或某一件事情都是如此。

我們經常聽到許多癡情男女說：「我對他（她）這麼好，為什麼他（她）還是要離我而去？」

想想，如果我們對於另一半的感覺不再是快樂而是痛苦，那麼這種關係一定很難維持下去；同樣的，如果我們給另一半的是痛苦多於快樂，那麼對方最後還是會離開的。

終究，還是痛苦和快樂決定了這一切！

所以，不要小看快樂與痛苦的力量，任何我們內心感覺不快樂的事情，是不可能做得久的。

調整不正確的快樂與痛苦的連結

現在，你已經知道快樂與痛苦在人生上的重要性。

那為什麼選擇快樂的事情，卻還是無法成功呢？

這是因為，許多人都在不正確的快樂與不正確的痛苦中生活，而不自知。

什麼是不正確的快樂？與不正確的痛苦？

舉例來說，「吃」能使我們快樂！但是有些人在工作不順或情緒的低潮時，就會藉由不斷的吃讓自己好過一點，這件事情就會導致肥胖等不好的結果，像這種吃的快樂，就是不正確的快樂。

再打個比方，我們不願意身邊的另一半離我們而去，但是彼此在一起卻只有痛苦的感覺，而沒有快樂，那麼，這就是不正確的痛苦！

偏偏，在我們的生活中，隨時存在著像這樣不正確的痛苦及快樂——我們隨時都在決定：該去外頭認真打拚？還是待在家讓自己輕鬆一下？該節制自己完成良好的飲食計畫，還是放縱一下吃好吃的東西？要換跑道面對更高的挑戰，還是安於現狀繼續過生活呢？

每一個決定，都牽涉到我們的快樂與痛苦指數。

我發現，大部分的人在做決定時，都會以現在的快樂和痛苦來衡量，像是眼前吃美食的快樂，遠大於數個月後，體重計上那少了一點點公斤數的快樂，所以就選擇大啖美食；刷卡消費的快樂，也大於存錢的快樂，於是選擇先刷了再說！

也正是因為「好的改變的痛苦大於快樂」，多數人即使想改，到最後還是不會選擇對自己有利且正確的行為，於是離成功也就愈來愈遠。

幸好，身為人類的我們，有一個最大的利器——那就是「把未來的快樂和痛苦，放在現在的天秤上，讓未來的快樂大於痛苦」。

以健康為例，我們可以在天秤的左邊想像著自己不運動、日復一日身老體衰的模樣，右邊則是持續運動，健康苗條結實的模樣。

不管在工作上、在情感上或生活中各方面的問題，只要你想改變，都可以持續透過認真的思考與想像，將改變成功後的種種，與達成目標、達成夢想的快樂先提前在現在來感受，並且隨時提醒自己，讓積極的行動跟這未來的快樂徹底連結。

在改變的過程中，只要你感到自己有所掙扎時，就回想一下這個天秤，讓自己得以持續，朝向更成功的道路邁進。

運用快樂與痛苦思考法減肥，超有效

我在課程中，一進行「減肥活動」，立刻大受好評。方法很簡單，只需要掌握「將快樂建立在痛苦之上」的神經鍊連結原則，就可以了。

小玫，身高一六〇公分，體重九〇公斤。當她聽到可以運用神經鍊的方法來減肥時，立刻舉手，並迫不及待地跑到台上。

「小玫，妳平常最喜歡吃什麼食物？」我問。

「我喜歡吃的東西很多耶，像冰淇淋、巧克力……」小玫眉飛色舞說出許多她最愛的食物。

接下來，我請工作人員拿出一塊生豬肉，並要小玫確實聞一聞生豬肉的味道。

「好噁心！」小玫皺起眉頭。

我再請工作人員拿出一大坨巧克力冰淇淋。然後，我將冰淇淋抹在豬肉上面，並要求小玫將這一幕記在心中。

這個方式，將立刻讓小玫對於冰淇淋的連結，從快樂美味變成噁心。往後，只要她看到冰淇淋，心中就會浮現出這一幕，噁心都來不及了，更別說吃進肚子裡。

半年後，當我再見到小玫時，她已經從九十公斤，瘦到六十公斤了。

像小玫這樣靠著神經鍊減肥成功的例子，可不只一位，我還因此舉辦了一個減肥比賽呢！

除了減肥之外，針對想戒菸、想擺脫不良習慣的人，都有不同的方式可進行，在下面的練習中，你也可以動動腦，思考如何讓自己達到成功。

打造成功練習

下面有一些問題，請寫出你想到的人。（目的：讓痛苦成為快樂）

讓你快樂的人有誰？為什麼？

讓你痛苦的人是誰？為什麼？

你可以怎麼做，讓令你痛苦的人成為快樂的連結？

請在下列問題中，寫下你的答案。（目的：找出未來的痛苦，來改變現在的自己）

人生當中最大的痛苦的事情是什麼？

如果現在不讓自己開始朝著你想要的目標前進，生活上的痛苦將會如何的加劇？

你現在可以讓自己做出什麼改變，讓未來的痛苦永遠不會發生？

目的：找出未來的快樂，來改變現在的自己

在人生當中，你覺得最快樂的事情是什麼？

如果現在讓自己開始朝著你所想要的目標前進，你會變得如何的快樂？

你現在可以讓自己做出什麼改變，讓未來的快樂更快發生？

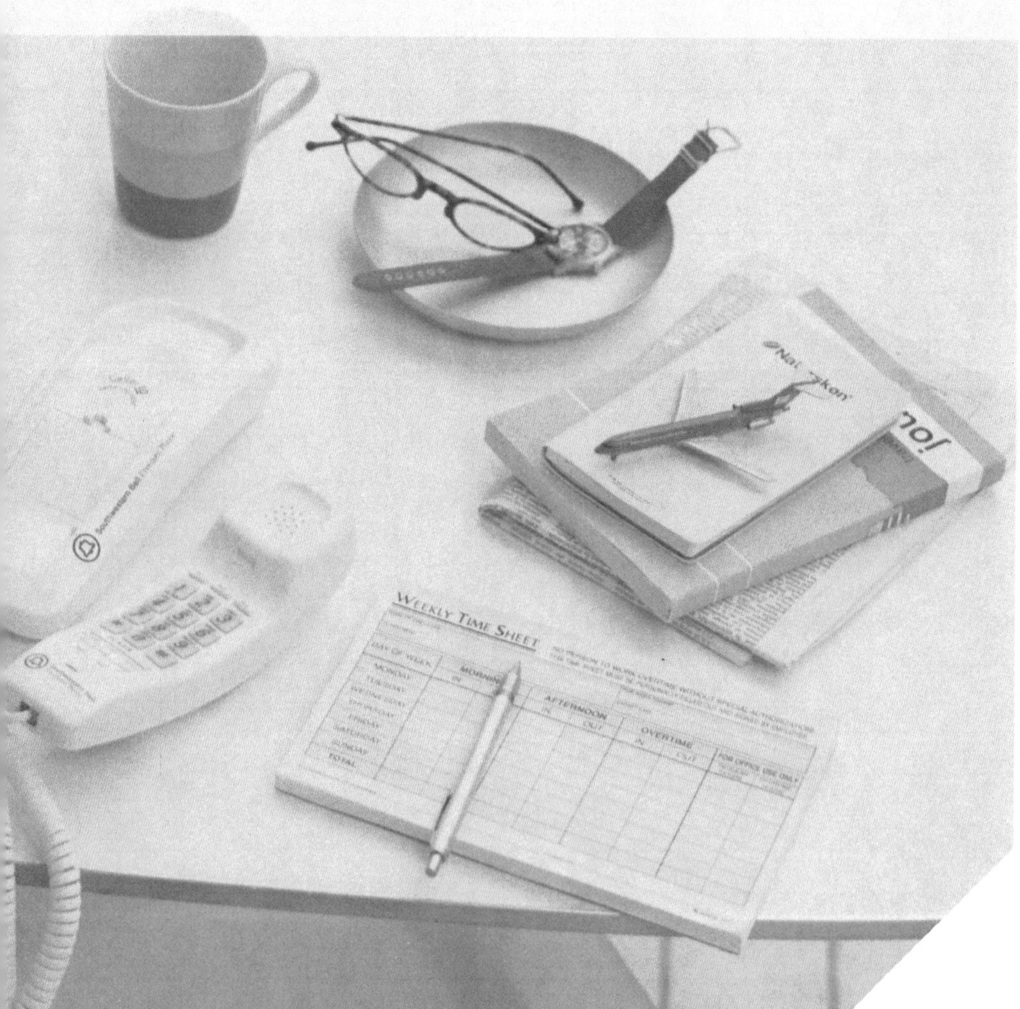
WEEKLY TIME SHEET

第九堂課

作情緒的主人

只要控制肢體動作，放對焦點，用對語言，就能改變情緒。

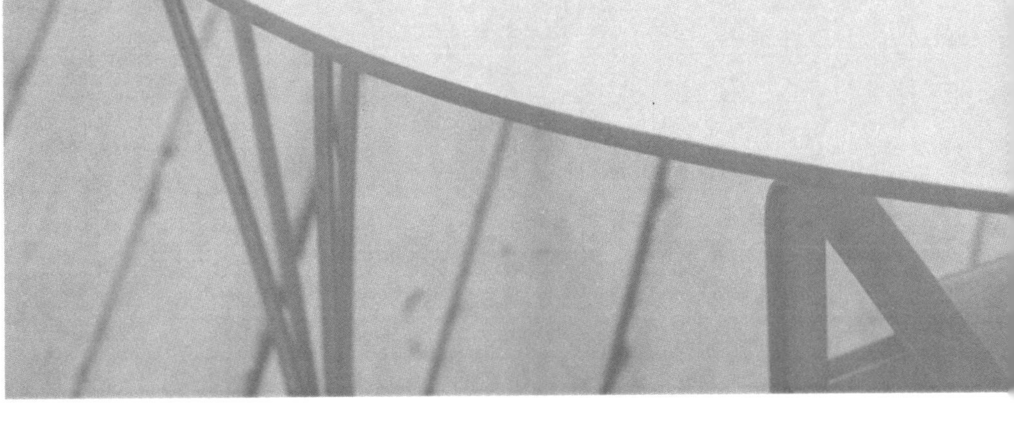

創造不同的情緒

你有沒有注意到，當一個人生氣或快樂的時候，他會做出什麼樣的肢體動作？

大部分的人都認為，我們的肢體動作會因為心情而改變；像是快樂的時候會手舞足蹈，難過的時候垂頭喪氣。

只有極少數人知道一個秘密——我們可以因為肢體動作而改變心情。

也就是說，只要你做出快樂時會做出的舉動，那麼，你的情緒也會跟著變好。

每當我在課堂上講到這一段時，都會找兩位學員上台進行實驗。

首先，我請甲學員閉起眼睛，回想一件令他最快樂或最難過、最痛苦的事情，並做出當時的表情及肢體動作。

接著，我會請乙學員模仿甲學員的表情和動作，而且盡可能的完全模仿。然後，我會再請一或兩位學員上台，幫忙調整乙學員的動作，讓乙學員的動作更貼近甲學員。

待一切都就緒後，我會請乙學員感覺一下，甲學員是在什麼樣的場合做出這個動作，描述當時的心情如何？

而最令人驚訝的是，乙學員所感受到的，通常正是甲學員心中所想的。

舉個例子來說，有一次，甲學員伸出食指和中指，比了一個「ＹＡ！」的動作。

這樣的一個動作，是十分普通的動作，在很多情況下，人們都會比出這個姿勢。但是，當我訪問乙學員，要他說出他的感覺時，乙學員說，他感覺自己好像要拍大合照，因而比出這個動作。

乙學員才說完，甲學員立刻點頭如搗蒜的說：「沒錯沒錯，我想的正是這個畫面。」

類似的例子不只這一件，我在國外的時候，也曾經目睹兩位不認識的學員在台上「驚人的默契」。

那一次，上台的是兩位金髮的外國女性。只見第一位女士選擇的動作是：雙手垂在椅子旁，面露微笑，以一種很輕鬆的姿勢坐在椅子上。

台下的學員看了，紛紛產生各種不同的猜測。有人猜她是在做日光浴，有人認為她是在看電視。

但是，當主持人訪問第二位女士（也就是模仿者）有什麼樣的感覺時，她說：「我感覺好像是與男朋友在一起，有一種很快樂的感覺。」

第一位女士聽了，立刻大笑，因為她回想的正是，她和男友激情後的畫面。

以上兩個實際的例子中，我們都可以很確實發現，兩位素未謀面的人，可以透過肢體動作，感受對方當時的情緒。由此更能證明，不同的肢體動作，的確可以影響情緒。

而更棒的是，這個發現，也可以運用到我們日常生活中喔！

不信？趕快往下讀吧！

運用肢體動作，讓感情、事業更順利

在電腦公司上班的小王，曾經交往過五個女友，但不知為何，每一位女友都說他不懂得女生的心。

原本，小王對於感情並不積極，女友提分手，他通常都很阿沙力的答應，直到遇到現任女友小薇，小王的心中開始興起了結婚的想法，偏偏，與小薇交往一年之後，兩人因細故而爭吵的機率愈來愈高，小王開始擔心，小薇會不會也像前幾任女友一樣離他而去？

此時，小王應公司的要求，參加兩天的潛能激發課程，從中得到肢體動作與情緒的關係。於是，他開始回想起，小薇在生氣前，都習慣將雙手交叉在胸前。

「後來，只要我發現小薇又開始做這個動作時，我就趕緊去拉她的手。」小王在課後一次分享時告訴我：「結果，她就不那麼生氣了，這一招真的很有效呢！」

「這是因為你改變了小薇的肢體動作，也改變了她的心情。」我說。

除了男女之間的相處可靠肢體動作來改善外，與上司相處時，也可以藉由肢體動作來改善。

吳小姐，是一位企畫人員，有一天，她的主管氣沖沖將她叫到辦公室，她才發

現，自己寫在企畫書上的數據是錯誤的，害主管在開會時超級的尷尬。

聽到主管對自己叨叨念個不停，吳小姐舉起右手，做了一個敬禮的手勢說：「報告經理，請容許我出去一下下，馬上進來。」

再回到主管辦公室時，只見吳小姐端了一杯咖啡，她禮貌的將咖啡放在辦公桌上，告訴主管：「經理，辛苦了，請用咖啡。」

據吳小姐說，經理看她這麼有心，也就沒再多說什麼了。

吳小姐使用的方式，就是結合了「改變肢體動作」和「切斷負面情緒」這兩招，聰明的化解了這一次的辦公室危機。

想要立即改變心情，就做「顛峰狀態」動作

在我們了解到肢體動作與情緒的關係後，你是否想知道，還有什麼方法可以更快讓自己的心情變好？

的確有這樣的方法，我稱它為「顛峰狀態」。

你是否看過，球隊在贏球的剎那，隊員們都高興得又叫又跳的情形？或是看過小孩子拆禮物之後，那種又跳又叫的喜悅。

這就是「顛峰狀態」。

「顛峰狀態」的動作十分簡單：只要不斷的往上跳躍，手往上揮舞，並且盡情的喊叫。

記得我第一次看到舉世聞名的激勵大師安東尼．羅賓上課時，台下一群人在「顛峰狀態」那種狂喜的表情時，心中十分疑惑：「那些人怎麼都那麼興奮？」後來，當我真正進入「顛峰狀態」時，我才發現，它，真的就是這麼容易讓人興奮。

我在課堂上，為了讓學員們體會「顛峰狀態」是我們自己可以隨時掌握的，我總是會先請學員們回想生命中最難過，最痛苦的事情。

許多學員們每每想到這些事情，都會難過得掉眼淚；有時，就連旁人，也會感受到這悲傷的情緒而跟著落淚。

就在全場一片難過時，我就會放出激勵人心的音樂，並要求大家立刻進入「顛峰狀態」。

不到幾秒鐘，剛才情緒降到極點的現場，突然又HIGH到不行，方才的眼淚，也很快的就被激昂的情緒所取代，此時，每一個人的心情都是向上的、興奮的、正面的、光明的。

你，心情不好嗎？

趕快給自己來個「顛峰狀態」吧！

小秘訣

在無法又跳又叫的空間時，還可以這樣釋放情緒

如果你身處的場所無法進行「顛峰狀態」，還有一個方式可以釋放情緒。

請想像你的臉是一個包子，將所有的臉部肌肉盡可能的縮成包子狀，持續三秒後再恢復原狀。

這樣的動作可以重複多做幾次，可以達到抒解緊張、抒緩情緒的效果喔！

打造成功練習

選一首動感無比的歌，每天一早起床，就放這首歌，並隨著歌往上跳躍數分鐘，不但有運動效果，還可以讓自己活力十足，很有力量；久了之後，當你需要力量時，潛意識就會想到這首歌，立刻給你力量。

為自己設定一個小動作（比如彈指），當你感到任何愉快的事情時（比如想到一個好主意），就做這個動作。

當你抬頭挺胸，走路很有精神時，請感覺這樣的能量，此後，每天走出家門時，都照照鏡子，提醒自己保持這樣的能量。

將焦點放在相信

每次談到注意力的力量之前，我都會先進行一個活動。

首先，我會給學員們三十秒，請大家注意教室中所有紅色的東西。

三十秒後，我會請學員將眼睛閉起來，然後問：「請舉出教室中黑色的東西。」

結果，學員們通常會楞住，一時間想不出來教室中有什麼黑色的東西。

這，就是注意力：焦點的力量。

我們的注意力具有放大或刪除的兩種效果，因此，你所注意（聚焦）的地方，將會決定你的能量用在何處。

比如，當一個人說：「我覺得很難過……」時，那是因為此人將焦點放在難過的事情上面。

可以肯定的是，這個人如果持續想著這件難過的事，那麼，他將會更難過。而因為將專注力放在難過的事情上，也就忽略了快樂的的事情。

有一次，我跟著旅行團到國外旅遊，團員加起來約二十人。為期七天的旅程中，有一對中年夫婦不是說伙食不好，就是抱怨住的地方不夠乾淨、高級。反觀另外一對新婚夫妻，每到一個地方都玩得十分盡興，吃飯時也吃得特別多。

為什麼身處在同樣的團體，這兩對夫婦的感受差異這麼大？原因就在於，第一對中年夫婦只將注意力放在令他們不舒服的地方，第二對夫婦則是將注意力放在他們覺得很高興的地方，七天下來的感受大大不同。

在我們的生活中，經常會發生一些令我們措手不及、意料之外的事情，此時，如果我們將焦點放在不同的地方，將會出現不同的答案。

記得有一次，我飛往美國上課，在鳳凰城轉機時發生了一些事情，竟然讓我連最後一班飛機都錯過了。

當下，我的心情十分沮喪，一想到要在鳳凰城多待一個晚上，損失了許多寶貴的時間，還有金錢……愈想愈不舒服。

就在我坐上計程車，開往機場附近的飯店途中，我看到路旁的商店有一些景象，是我從未看過的，我愈看愈覺得有趣，並在心中計畫，放了行李後，可以到哪

幾條街道逛逛。就在轉念的此刻，我的心情也就不像先前那麼低落了。

當時如果我還是將焦點放在責怪自己上面，肯定除了那一整天外，連隔天都還會鬱悶不已。但因為我轉換了焦點，將注意力放在別的地方，逛了許多商店，看到很多以前未見過的新鮮事物，這一次的意外，反而讓我回味不已。

有時候，當我們遇到不如意的事情時，都會告訴自己「別想那麼多」，或是安慰失意的人「不要再想這件事」，其實，愈告訴自己「不要想」，反而會聚焦在「想」的事情上。此時，最好的方式就是趕快將注意力轉移到令你覺得好的、快樂的事情上，不再讓負面情緒控制我們。

打造成功練習

現在有什麼事情困擾著你？

請寫下你可以怎麼轉移問題的焦點？

用對語言文字，就有不同的人生

每天，我們都透過語言和文字與別人溝通，但是你知道嗎？我們用什麼樣的字彙，將會決定我們過什麼樣的生活。

我的MSN上有近三百人，每個人對於自己的暱稱，都有不同的習慣。有的人，喜歡用幽默的暱稱；有的人，總是將近況寫在暱稱上；有的人，每次寫的都是好事；有的人所使用的暱稱，會讓人覺得，他的人生好像總在不如意中。

我發現，將近一半的人，都喜歡用一些較不正面的暱稱。像是「怎麼又衰了」、「胃痛何時好」……等等。

其中，一位在國外求學的學妹的暱稱令我印象深刻。因為，她不是使用髒話，就是寫著「今天很不爽」，或是「XXX，你給我小心一點」之類很負面的文字。有一次，當我又上線時，竟然看到她的暱稱上寫著：「不如去死。」

我一看，感覺事情非同小可，於是立刻敲她，問問到底發生什麼事。

「我覺得全世界的人都對我不好。」學妹氣沖沖的述說她與學校中某幾位同學之間的衝突和不滿。

聽來聽去，學妹的情緒來自於這幾位同學，但是，她卻將不滿的焦點放大，變成全世界的人都不好，覺得自己不如去死（其實，很多人都跟這位學妹一樣，習慣將負面的焦點放大，如果旁人沒發現，一不小心可能就釀成悲劇）。

學妹甚至說，她不久前也被醫生診斷出重度憂鬱症。

於是，我問學妹：「你想不想改變？只要一個星期就可以了！」

「怎麼做？」

「你只要改變暱稱就可以了。」我說。

接下來的一個星期，學妹果然改變了她的暱稱，像是「ＸＸＸ，感謝你幫助我。」

有一天，當我上線時，學妹又改了暱稱。

這次，她寫的是：「活著真好！」

語言和文字的力量，是十分強大的，因為，你所講的、所寫的，也會影響你的內心。

我在演講時，總會問台下的已婚人士是如何稱呼另一半。

有的人說：「我們家那個死老頭。」

有的人回答：「我家的老太婆。」

也有人說：我的「夜間部同學」。（注：意即白天各忙各的，只有晚上才見到面）

此時，我會問大家：「想不想與另一半的感情更好？」

如果想的話，首先，請從你對另一半的稱呼開始。（親愛的、好老公、好老婆都可以）當你開始給另一半一個好的稱呼時，不論是對他、對你、甚至別人，潛意識中都會認為他就是這樣的一個好伴侶。

在心理學上，這一個方式就是所謂的「自我對話」，對話的內容若是正面的，一個人也會愈來愈正面；對話的內容若是負面的，很容易讓人往牛角洞裡鑽。

我們，當然要選正面的來說囉！

小秘訣

對的稱呼，無價！

用對語言，不僅可以改變自己的人生，影響力甚至大到可以造福公司。

企管大師戴明博士，只是建議美國一家貨運公司的老闆，將送貨員的名稱改為「技術員」，就讓出錯率從萬分之六降成萬分之一！

語言和文字，就是這麼的有影響力；負面的字彙，帶來負面的能量；正面的字彙，帶來正面的能量。

我們用什麼樣的字彙，真的會決定我們所過的生活。

所以，下次如果有人稱讚你時，請別因為不好意思而回答：「哪裡好，我還差得遠呢！」之類的話語。

至於身為父母的讀者，在與外人聊到孩子時，也可以「我家的寶貝」來替代「我家那個小鬼」，你將會發現，孩子真的從小鬼變成「寶貝」了喔！

不同的問句，帶來不同的結果

你有沒有發現，我們不但會問別人，也經常會問自己各種問句。不同的問句，將會引導人們往不同的方向思考。

有一次，當我將硬幣投入自動停車繳費機時，不知道為什麼，硬幣總是投入後又掉出來。我摸摸口袋，真不巧，身上已經沒有其他的硬幣，只剩千元鈔票。

該怎麼辦才好？

這時，我聽到一堆硬幣叮叮噹噹的聲音，轉頭一看，原來，聲音是從排在我身後的中年男性發出來的，想必他已經等得很不耐煩，才會用一大堆硬幣催促我。

看到他手上那麼一大堆的硬幣，我心生一計，於是，我問這位中年男性：「我可以跟您換一個硬幣嗎？」

他齜牙咧嘴的反問我：「你說呢？」

沒辦法，我只好將千元大鈔放入繳費機中。

頓時，繳費機落下了大量找開的硬幣，我將數十枚硬幣一一取出，著實費了不少時間。

回程的路上，我的心情也受到一些影響，心想，如果身後的那位先生願意跟我換一枚硬幣，一切不是順利多了嗎？他為什麼不跟我換？

隨即，我察覺到自己問了不適當的問句，於是立刻轉換心情問：是什麼因素造成這位先生如此的不悅？如果下次我遇到了類似的情形，我該如何處理會更好？

對的問句，可以讓心情由壞轉好；錯的問句，則會讓心情愈來愈負面。

我認識一對正在交往中的情侶，他們每天晚上幾乎都要熱線一小時。

有一天，女孩子告訴我，她的男友不在家中、沒上ＭＳＮ，連手機也進語音信箱。「老師，你說，他是不是故意不接我電話？」、「他會不會跟別的女生在一起？」、「還是他發生什麼事了？」女孩愈說愈激動。

「妳先冷靜下來，」我告訴女孩：「或許他正忙著處理重要事情，也可能是手機沒電。」

「對厚，我怎麼沒想到！」女孩子有些不好意思。

看！不同的問句，給人的情緒感受有多麼的不同?!

讓關鍵問句變成好能量

現在，你已經知道問對問句的重要性了。接下來，我想告訴大家的是，如何讓關鍵問句成為好的能量？

你是否觀察到，自己平常習慣使用什麼類型的問句？

這個平日經常使用的問句，就是關鍵問句。大部分人的關鍵問句，可歸納成三種類型。

第一種：懷疑型

當遇到事情時，總是先懷疑對方。懷疑型的人，最容易出現的關鍵問句是「為什麼？」，像是：「他為什麼這樣？」

這樣的問句，容易讓人想到不好的一面，也會替自己或對方找各種理由。然而，要解決一件事，並非知道為什麼就好了，對於喜歡問「為什麼」的人，我的建議是不妨將「為什麼」改為「如何」。

比如：一個創業失敗的人，就要將「為什麼我創業會失敗？」的問句改為「如果我還要創業，要如何做才會成功？」

一個和男友不斷吵架的女生，也可以將問句從「為什麼他這樣對我？」改成「我要如何改善我們的關係？」

一位想減肥的太太，習慣問自己：「我怎麼都瘦不下來呢？」此時，就要將問句改成：「我要如何快速又輕鬆的瘦下來呢？讓自己苗條又美麗呢？」

第二種：否定型

只要事情一不如意，就會立刻想：「一定是我哪邊做錯了？」、「都是我的錯。」

這類型的人，比較負責任，但也對自己太過嚴厲，長期下來也會累積負面的情緒。因此，要將句問改成：「我要怎麼做，事情可以更好？」

第三種：不安型

這類型的人，比較容易焦慮。腦海中常常充滿著「怎麼辦？」這三個字，尤其是事情不如想像中來得順利時。

我會建議不安型的人，多想想好的事情，比如問自己：「這件事情將來會有什麼更好的情況發生？」、「這件事情最好的結局是什麼？」

對別人，我們要問對問題。對自己，我們更要問對問句。將問句往正面的、有建設性的方向來問，如此就可以讓思考也往上提升。

打造成功練習

你如何稱呼你的爸爸、媽媽、伴侶、孩子、上司、同事……

現在，請給他們一個更棒的稱呼。

仔細想想，在下面寫出你最容易出現的關鍵問句？

現在，將關鍵問句改成更正面的問法。

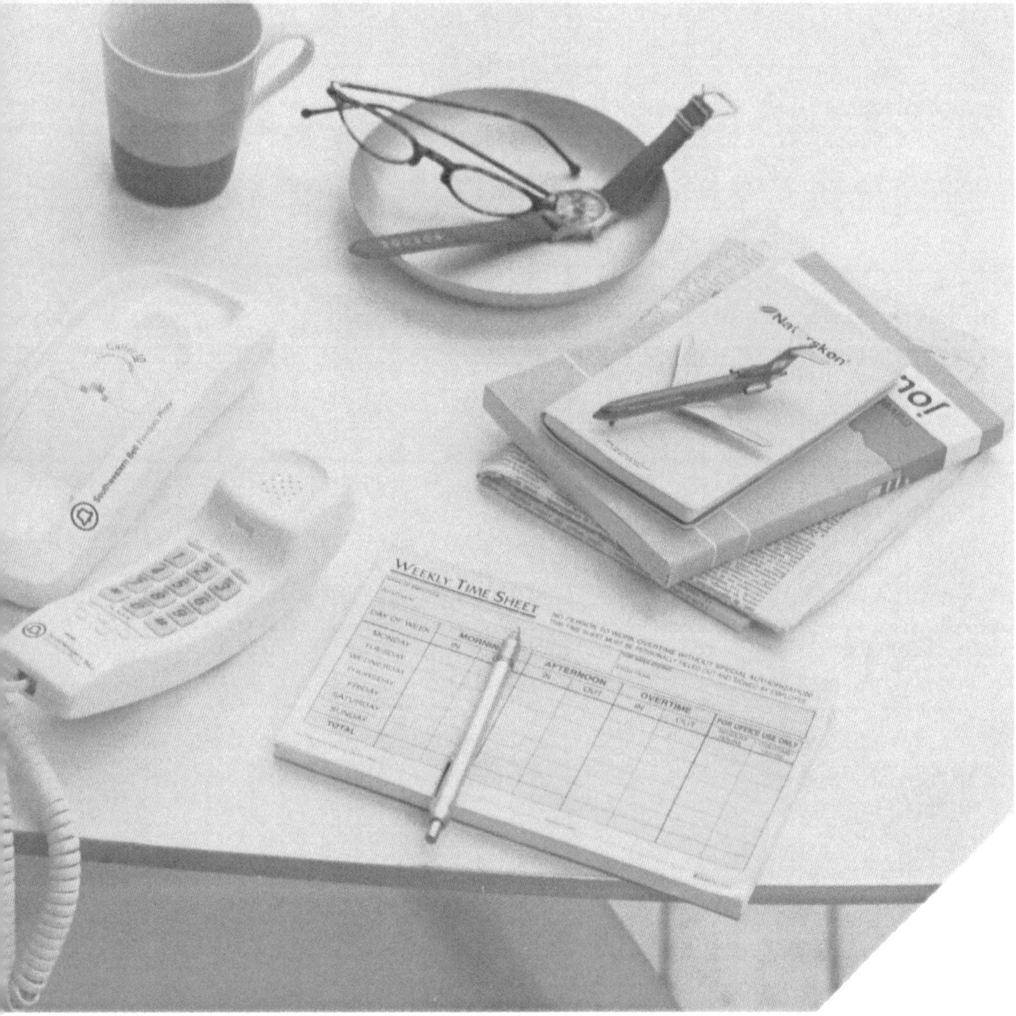
WEEKLY TIME SHEET
DAY OF WEEK
MONDAY
AFTERNOON
IN
OUT
OVERTIME
TOTAL
FOR OFFICE USE ONLY

第十堂課

向恐懼挑戰

人們恐懼的，並不是結果，而是「不知道結果是什麼」。

痛苦和未知，是恐懼的來源

恐懼，是人類很大的敵人。

不論是怕與人接觸、怕被人拒絕的恐懼，或是怕水、怕坐飛機的恐懼，來源都是一樣的；那就是：「痛苦」。

當一個人覺得某件事情是痛苦的，並且多次遇到這件事情時，這個人就會對於這件事感到害怕。比如，某甲被拒絕很多次，每次被拒絕時，他的心中都覺得很難受，一次、二次、很多次之後，他一想到會發生被拒絕的事，就不敢也不想去做。

又如，害怕坐飛機也是一樣的。多數害怕坐飛機的人，都經歷過坐飛機時遭遇亂流，而飛機強烈搖晃的感覺，令他覺得很可怕，感到痛苦，於是，心中雖然很想出國旅行，但一想到要坐飛機，也就算了！

恐懼的來源除了是痛苦之外，還有「未知」。

比如說，一個怕黑的人，並非真的討厭黑，而是害怕在黑暗中看不清楚東西的感覺，不知道在黑暗之中會發生什麼事。

當人們無法掌握接下來的情況時，就會害怕。

以前面曾經說過的例子來看，一旦業務員確切知道打了電話之後並不會被客戶拒絕，他就不會害怕；但是，如果他覺得每通電話都會被拒絕，他當然就會因為害怕和未知，而不敢打電話。

美國《時代週刊》曾經針對美國人最害怕的事情做過統計，報告中指出，美國人最恐懼的事情是坐飛機，此外，像是畏懼神、害怕親密感，都榜上有名。

其中，害怕親密感的原因是，有人害怕習慣親密的感情後，不知道什麼時候會分開？有人害怕兩人之間會發生什麼事情？也有人害怕失去。

說起來，情侶分開、失去另一半、發生意料外的事情……，根本都不一定會發生，但人們卻會「剉咧等」，是不是很奇怪呢？

未知的恐懼，這樣面對

當你察覺到自己的恐懼是來自於未知時，如何面對？

這裡提供三個方法，你將發現，你恐懼的事情，並不如你所想像的那麼令人害怕。

將最好的和最差的狀況先想好

面對未知恐懼的第一個方法是，將最差的狀況與最好的狀況先預想一遍。

以業務員打電話給陌生客戶為例，最差的狀況就是被拒絕——反正，對方也只是一個陌生人而已，不是嗎？

如果你想要打電話給某位心儀已久的人，約對方見面，那麼，最差的情況是什麼？頂多就是邀約失敗，不是嗎？

所以，在面對未知的恐懼時，不妨先設想最差的情況，假如你覺得自己可以接受最差的情況，那麼就去做吧，畢竟，結果並不一定會是最差的情況。

唐納．川普，是美國知名的企業大亨，他的事業項目十分廣泛。一次接受訪問時，川普就提到，自己每次在投資之前，都會先想一想：這筆投資最差會怎麼樣？

從唐納．川普的事業版圖來看，我們不難知道，他的投資並非每次都很差，反而有大部分的投資，都是成功、賺錢的。

做正面連結，不和恐懼對抗

從小我就非常害怕雲霄飛車那種快速、離心的感覺，當我學習了面對恐懼的課程後，我決定要挑戰雲霄飛車。

我所採取的方法是將快樂和雲霄飛車連結，在腦海中想像坐雲霄飛車之後會很快樂、很興奮。當然，真正坐上去之後，心裡還是會怕怕的，此時，我試著讓自己放鬆，接受身處的環境，不去和恐懼對抗，反而對克服心中害怕很有幫助。

恐懼，也是一種能量，和恐懼對抗，就等於彼此拉扯各自的能量。

此時，就要運用方法，與恐懼做正面連結。

步驟很簡單，你只需要想一件你很喜歡的事情。接著，再運用想像力，就可以了。

還記得我在第七堂課時，曾經提到過害怕權威型客戶的業務員小威嗎？

有一天，小威告訴我，他已經去拜訪客戶兩次，每次都沒有好消息，下星期，

他即將三度造訪。

「小威，你最喜歡吃什麼？」我問。

「我最喜歡吃巧克力冰淇淋。」

於是，我要小威下次去拜訪客戶之前，就告訴自己：「太棒了，只要我完成這次的拜訪，就可以去吃我最愛的巧克力冰淇淋。」並想像著吃冰淇淋那種身心舒暢的感受。

這麼一來，小威的神經鍊，就會有「期待拜訪客戶」的連結，也就緩和了小威害怕客戶的心理。

當小威拜訪了客戶後，無論結果是好是壞，小威首先要做的事情，就是去買支巧克力冰淇淋來吃，讓自己即使被拒絕，也能以正面的心情來面對，久而久之，練就了不怕拒絕的金鐘罩。

讓興奮和有力量的動作，加強信心和能量

在我的課程中，有一項最令人覺得不可思議的體驗——那就是過火。

許多第一次來參加課程的人，看到過火這兩個字時，都會懷疑的問：「老師，你所說的過火，應該不是道教傳統活動中，乩童踩在火上走的那個過火吧?!」

沒錯，就是那個過火。

燃燒後的木炭，大約有一千度的高溫，我們將木炭排成寬一公尺、長三公尺（大約是六、七步），每個人，都要從這頭走到那頭。

這個活動的目的，正是要讓大家親自體驗，克服恐懼是怎麼一回事。

首先，我先引導大家達到興奮的顛峰狀態（見第164頁）。

接下來，我教大家做一個MAKE YOUR MOVE的動作（這個動作有點兒類似打水飄，會用到全身的力量）。當一個人的全身都充滿著力量時，能量也就跟著飽滿起來。

我要求大家一邊做著MAKE YOUR MOVE的動作，口中也要大聲的喊出來，多做幾次，當學員們的情緒和肢體都到達頂、沸騰點時，就可以開始進行不可思議的過

火體驗了。

課後很多學員都反應，當他們日後遇到令人感到害怕的事情時，只要多做幾次MAKE YOUR MOVE的動作，神經鍊就會連結到過火的情景，害怕的程度自然就減輕許多。

其實，不只是MAKE YOUR MOVE這個動作可以減輕害怕，任何讓你覺得充滿力量的動作都可以，像是緊握雙拳，對自己說「YES」，也是一個很不錯的能量動作喔！

懂得轉移焦點，連火也變成涼的

在過火之前，還有一個重要的步驟就是轉移焦點。

我會要求學員在過火時，不停告訴自己：「好涼！好涼！」這麼一來，焦點就不會放在火很熱的感覺上，不會燙到受不了，也不容易受傷。

不蓋你，百分之九十的學員，在過火之後，雙腳依然毫髮未傷，其中，有人會覺得很溫暖，也有學員告訴我：「火怎麼是涼的呢？」

在他們填寫的回饋單上，幾乎所有的學員都反應——沒想到，過火比想像中還容易?!

為什麼？

這是因為，當一個人感到害怕時，並不是真的害怕事情的本身，而是因為對事情有一種負面的期待。

當你一直想著這件事情很恐怖時，就會感到害怕。

就像在看恐怖電影時，最令人害怕的時刻並非鬼出現時，而是不知道鬼什麼時候會出現，心中就一直害怕著。

或者像一位朋友的媽媽所說的，在破產之前十分害怕，破產之後反而鬆了一口氣，甚至覺得宣布破產比為了維持信用，而拚命借貸的日子來得穩當。

過火的道理，也是相同的，在尚未過火時，學員們光想就怕，實際走過之後，才赫然發現，這根本沒有想像中可怕嘛。

沒錯，不只是過火，所有的事情都沒那麼可怕，可怕的是你的想像力。

慶祝之後，不再害怕

除了過火的活動外，在美國，曾經做過一個催眠的實驗：在被催眠的人手上放一個冰塊，卻告訴被催眠的人手上是一個很燙的的木炭，結果，被催眠的人真的感覺被燙傷，並做出了燙傷的表情。

還有一位催眠大師在動手術的時候，完全不接受麻醉，他只是自我催眠，讓自己進入無痛狀態，順利完成了手術。

不可思議是嗎？其實，學過催眠的人就知道，大腦是控制感覺的，當大腦認定是燙的，就會覺得是燙的；於是，被催眠的人也感覺自己真的受傷了；當大腦認定無痛感時，即使動手術，也不覺得痛。

瞭解了「害怕是自己想像出來的」道理之後，在這裡，還有一招可用來教大家終極害怕——那就是慶祝。

以過火為例，當學員們完成過火後，我會要求大家與其他的人興奮的擁抱、跳躍。如此一來，就能夠將過火與成功連結在一起，未來，當大家遇到任何的恐懼時，就會連結到過火的感覺，也就能克服恐懼了。

這個方法不只對成人有用，連孩子們也很有效呢！

一位育有兩個女兒的媽媽表示，她的小女兒很害怕自己一個人，都已經跟姊姊睡在同一張床，當姊姊睡著後，她還是會跑到主臥室，吵著要跟媽媽睡——數年來，幾乎天天如此。

眼看小女兒已經小學一年級，媽媽覺得該是讓孩子學習獨立，一人擁有一個房間的時候，於是，她就先運用興奮的概念，指著其中一個房間告訴小女兒：「這就是妳自己的房間喔，妳想怎麼布置都可以。」並帶著女兒去逛街，讓她們選擇自己喜歡的窗簾和裝飾品。還告訴小女兒：「只要妳今天晚上不去找姊姊，也不來找媽媽，明天我們就去買妳最愛的甜筒來慶祝。」

當天晚上，小女兒不但一個人睡，上床後也不再像往常一樣上演「和媽媽睡」的戲碼。

每次提到這件事情時，這位媽媽就說：「沒想到克服恐懼的方式，對小孩子來說，這麼管用！」

有句話說：「一個人最大的敵人正是內心的恐懼。」這句話說得一點也沒錯，在演講或課程上，我發現多數人明明可以跨越障礙、迎向成功，偏偏因為恐懼而不敢向前。

如果，你的心中對某些人、事、物感到恐懼，除了進行前文所寫的各種實際練習，請立刻就進行下面的「打造成功練習」，勇於面對自己。

祝你早日擊破恐懼。

打造成功練習

目前，最令我恐懼的事情有哪些？

如果一直恐懼著，我將付出什麼樣的代價？

克服這些恐懼後，我將會得到什麼好處？

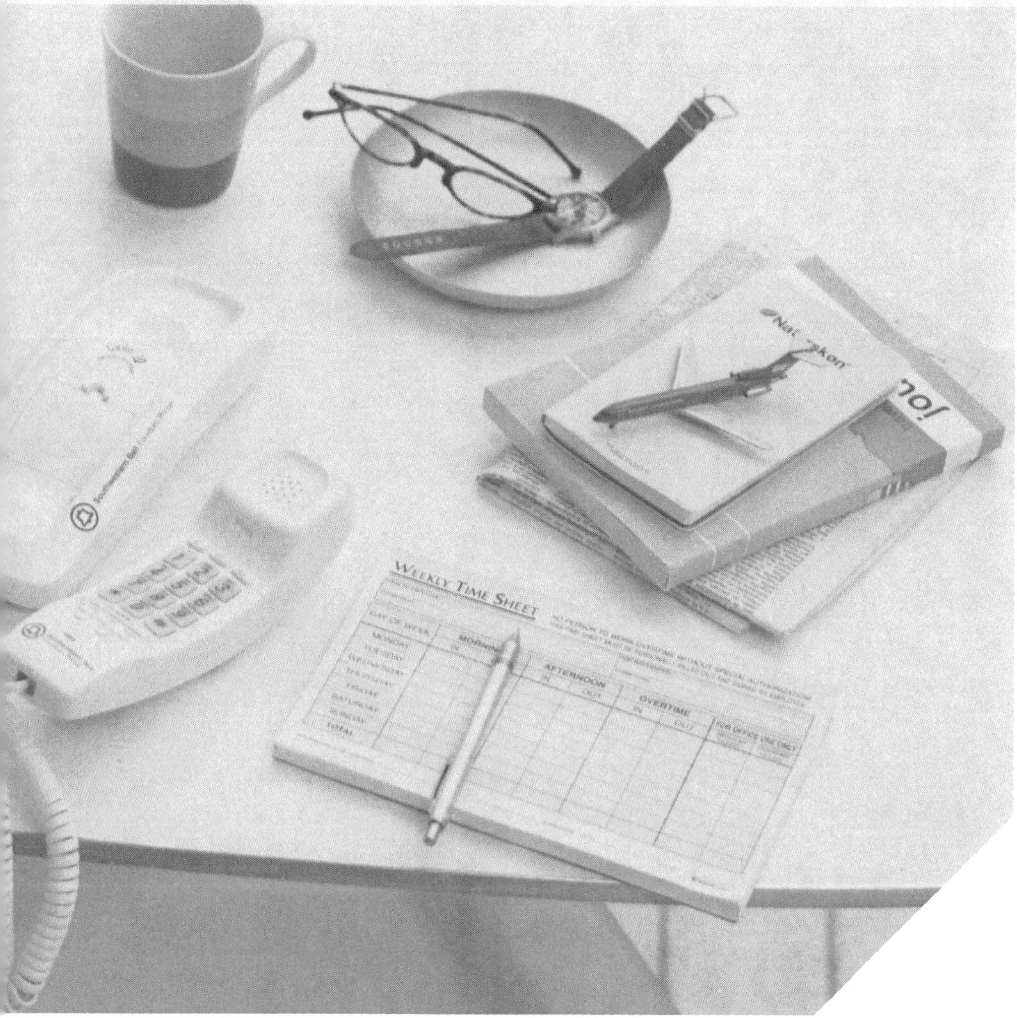
WEEKLY TIME SHEET
DAY OF WEEK
MONDAY
AFTERNOON
OVERTIME
TOTAL
FOR OFFICE USE ONLY

第十一堂課

潛意識的威力，無比驚人

一旦學會運用潛意識，未來的你將會比現在的你強上數倍！

潛意識到底是什麼？

我們平日在思考或決定時，通常是有意識的進行著，但是，在意識之下，我們仍然有許多連我們自己都察覺不到的情緒或想法，這就是潛意識。

比如，有一個男性聽到蟑螂就怕得發抖，連他自己也不曉得為什麼？後來跟他媽媽聊天時，才知道在他三歲的時候，有次午睡時，有隻蟑螂爬上手背，當時他嚇得嚎啕大哭。雖然他對這件事一點兒都沒有印象，但是害怕蟑螂，已經成為他的潛意識了。

潛意識對於我們的影響是十分直接的，但它卻總是隱藏於意識之下，我們很難發現到它，所以，當我們在遇到某些事情時，我們會覺得理所當然，卻不知道，潛意識在無形中導引著我們的思考和行為模式。

同時，潛意識的力量比意識大了三萬倍──如果說意識是露出水面的冰山，那麼潛意識就是水面下的冰山。

在進行潛能激發的課程時，正是運用潛意識的作用，讓學員們感受來自於冰山下的無窮能量。

讓潛意識在睡眠時幫大忙

睡覺的時候，我們的頭腦不像睡前般清醒，也不會去思考，此時正是潛意識最容易出現的時候。

一覺醒來，學習效率大增

記得我在就讀大學的時候，為了多記幾個英文單字，每天睡前，我都會做一個名為「看英文」（不是背英文）的練習。

方法很簡單，只需要將英文單字及意思，一個一個的看進頭腦裡，上床之後，再把剛才看到的字一個一個的在腦海中回想一遍，確定都記得了之後，就可以安心睡覺。

第二天一早起床，我會先回想，昨天到底記了哪些單字？

結果，我很開心的發現，這些單字在經過一整夜之後，並沒有離我而去，我仍然把它們記得牢牢的。

這個方法，就是運用潛意識所進行的一個記憶力練習。不但可以節省學習時間，還能讓學習變得更輕鬆。

當我到國外學習了激勵相關課程之後，我也會錄製自己的潛意識CD，每天上床時播放，讓我想要的東西，進入我的潛意識。像是：**我是有很多天賦的、我是有舞台魅力的、我是有過人的演說能力的、只要我聽過演講大師的演講，我就可以將內容記下來。**

我發現，當我聽了潛意識CD後，我的學習變得更專注，學習效果很好，對自己也更有信心。

如果你有興趣，也可以為自己錄製個人專屬的潛意識CD，甚至錄製不同項目的潛意識CD。

我認識一位業務天后，她為自己錄製的潛意識CD就有「談CASE成功」、「增加自信」、「演講成功」……等等，種類還不少呢！

讓阿那答對你更好

如果，你曾經在睡夢中，夢到你開著車子，按了喇叭，下一秒你清醒時卻發現，原來剛才窗外真的有車子在按喇叭。諸如此類將夢和實際情形結合的狀況，在在證明了睡眠時，潛意識的確會運作，所以，何不試試在睡前多做一些有益自己的潛意識練習呢？

上課時，我每次提到潛意識，就一定會教一招「運用潛意識讓阿那答對你更好」的方法，也獲得十分廣大的迴響。

方法很簡單：當你的另一半睡著時，請在他（她）的耳邊輕輕說：「老公（老婆），我很愛你，你也要好好愛我喔！」

我在與老婆交往時，也經常使用這個方式，即使我們相隔兩地，只要是在睡前通電話，聊著聊著，當我發現她已經很睏的時候，我就會故意不掛電話，並且告訴她：「我很愛妳喔，妳也會愛我喔！」

如果，你也想跟另一半「愛在一起」，那麼恭喜你，因為，你已經看到了這個好方法，就差還沒使用它而已！

運用潛意識，有技巧

意識和潛意識，就如同冰山一樣，意識只是冰山一角，潛意識的威力則大上許多倍。

潛意識不只可以運用在學習上，還可以運用在人際關係、事業、感情，甚至設計上。

讓潛意識影響客戶

有一家新成立的保養品公司正在舉行包裝會議，製造瓶子的廠商提供了藍色、咖啡色和綠色的瓶子，讓保養品公司的高階主管選擇。

第一次決議時，大家覺得藍色的瓶子比較理想，此時，一位主管拿出貴婦最愛用的某品牌保養品的ＤＭ說：「這個牌子的保養品，採用的是綠色的瓶子，因此我建議我們也使用綠色瓶。」

該主管的提議，立刻獲得全數與會人士的通過，這種「運用客戶的既定印象來影響客戶，提升購買力」的方式，就是一種將潛意識發揮在行銷上面的例子。

此外，許多廣告會請明星代言，或是在廣告畫面上呈現歡樂的感覺等，這些，也是運用人們崇拜偶像，希望快樂的潛意識，吸引客戶上門的廣告。

讓孩子更棒，這樣說

前面曾經提過在睡眠時運用潛意識的方法，這一招其實也可以用在孩子身上。在孩子睡著後，告訴孩子：「你會愈來愈棒！」或是告訴孩子：「你會交到真正關心你的朋友。」……，任何具有正面能量的話都可以。

由於腦波的傳達是無遠弗屆的，如果孩子不跟父母住在一起，父母也可以在晚上時，想著你對孩子的祝福。

讓業務洽談更順利，這樣做

我曾多次在不同的業務單位帶領業務人員如何運用潛意識。比如，我會錄製下面這段話，放給業務人員聽，並且要求大家想像這段話的畫面：「今天在這個城市的某一個角落，有一個人正在等著你，今天你一定會成交一個大客戶。」

如此一來，就相當於把今天業務會成交的想法，移植到業務員的潛意識中，讓大家對自己更有信心，談起業務也會更有力。

另外一招是「向客戶學習」。

請問：「你和你的客戶，說話的速度一樣嗎？」

「不一樣?!」

「那麼，請調整自己的說話速度，儘量與客戶相同。」

這是因為人們潛意識中，會從說話速度來感覺對方和自己合不合，如果你的客戶說話慢條斯理，你說話卻像機關槍，那麼，客戶的潛意識就會認為你不是很值得信賴。

除了說話速度外，如果可以將聲調、頻率，甚至連肢體動作都調整到和客戶很像，無形中，客戶就會覺得你的磁場跟他很合，洽談業務時，也就比較容易成功喔！

對自己的潛意識下指令

你是你自己潛意識的主人，你希望擁有什麼樣的生活品質，都可以對你的潛意識下指令。

學員小莉告訴我，她已經失眠數年，不知道該怎麼辦？

「來，我教妳一個好方法。」

我告訴小莉，不妨在每天上床後，對自己說：「王小莉，你即將進入一個很深沈，很舒服的夢鄉，你將會在明天早上七點起床，起床時你會精神飽滿，活力十足。」

隔天，小莉十分高興的告訴我：「老師，昨天你教我的那一招真管用，我已經不曉得多少年沒有睡得這麼好了，而且我今天真的七點就起床了！」

「這就是對潛意識下指令的效用！」我說。

在著名的「神經語言學」中，明確提到「運用語言可以控制大腦的運作」，只要你相信，告訴自己你想要的情境，就等於是對你的潛意識下指令。

注意！對潛意識下指令時，必須使用第二人稱，而不要使用第一人稱；即使是對自己的潛意識下指令，也要用第二人稱，不然就不叫做「下指令」了。

打造成功練習

這裡有八個單字，請在睡前運用潛意識來記這些單字。

LIGAMENT 韌帶　　HOCUS POCUS 魔術

DUPLICITOUS 口是心非的　　CORRIGIBLE 可改正的

AUTOCLAVE 壓力鍋　　PHANTASM 幻影

MOLLUSC 軟體動物　　LITHOGRAPH 石版畫

請為自己寫一段潛意識指令。

如：明天要拜訪客戶的人，可以寫：某某某（你的全名），起床之後你將會精神飽滿，活力十足，你所面對的客戶都會一一成交。明天要做出簡報的人，可以寫：某某某（你的全名），起床之後你將會精神飽滿，活力十足，你的客戶將會對簡報十分滿意。

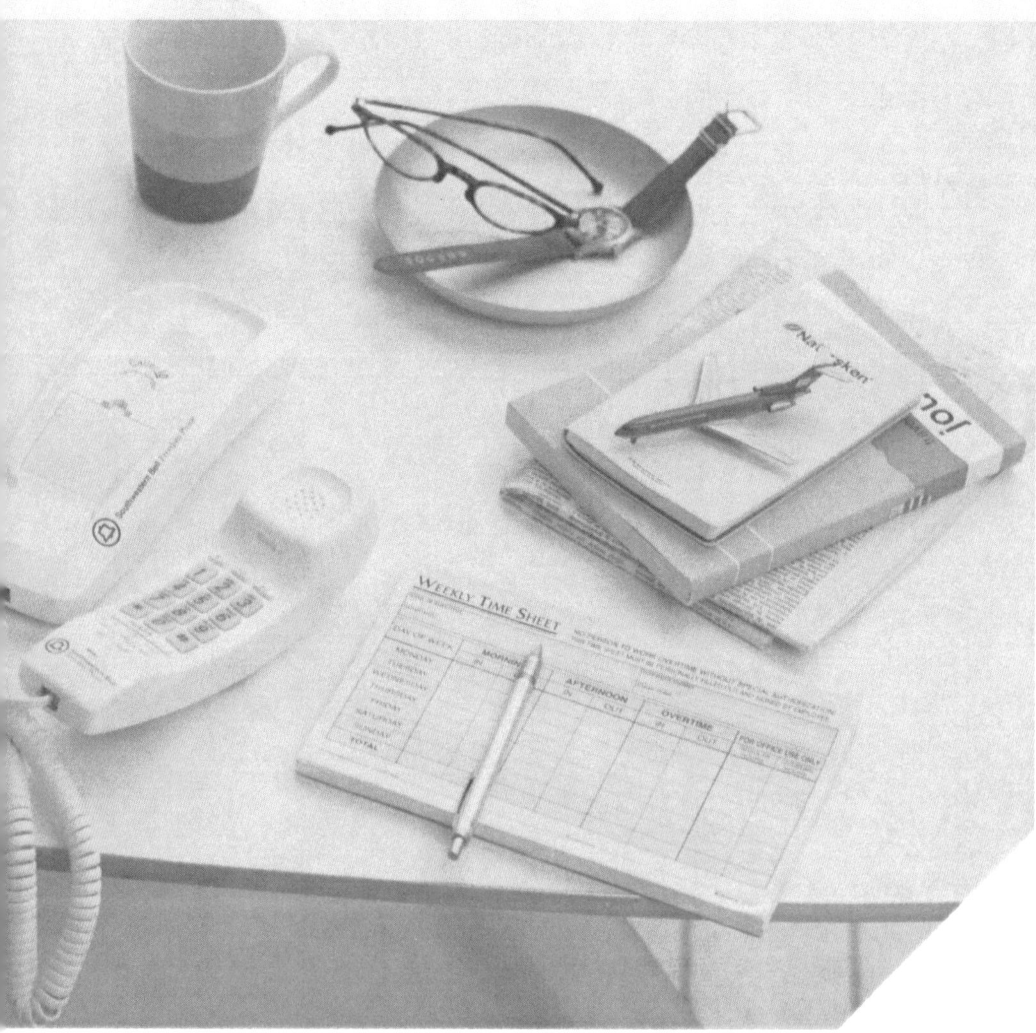
WEEKLY TIME SHEET
AFTERNOON
OVERTIME
TOTAL

第十二堂課

調整信念系統

你所相信的事情，就是信念。

你認為自己是什麼樣的人，就是對自己的信念。

兩種不同的信念，造就不同的人生

在美國，有一對雙胞胎兄弟，他們的父親在他們小的時候，就犯罪入獄，兩兄弟跟著母親生活，日子並不好過。

長大後，哥哥事業有成，是一位電子公司的董事長，弟弟和父親一樣，做了壞事而吃牢飯。

記者先問哥哥：「你有這樣的父親，為什麼能達到今日的成就？」

哥哥回答：「我有這樣的父親，我還能夠怎麼樣呢？」

記者又拿同樣的問題去問弟弟，沒想到弟弟的回答，跟哥哥的一樣：「我有這樣的父親，我還能夠怎麼樣呢？」

看！同樣的回答，哥哥的信念是：「既然已經身在這樣的家庭，只好靠自己奮鬥。」；弟弟的信念卻是：「我身在這樣的家庭，怎麼會有什麼好成就？」

信念對我們的影響，是不是很大呢？

不同的信念，不同的人生

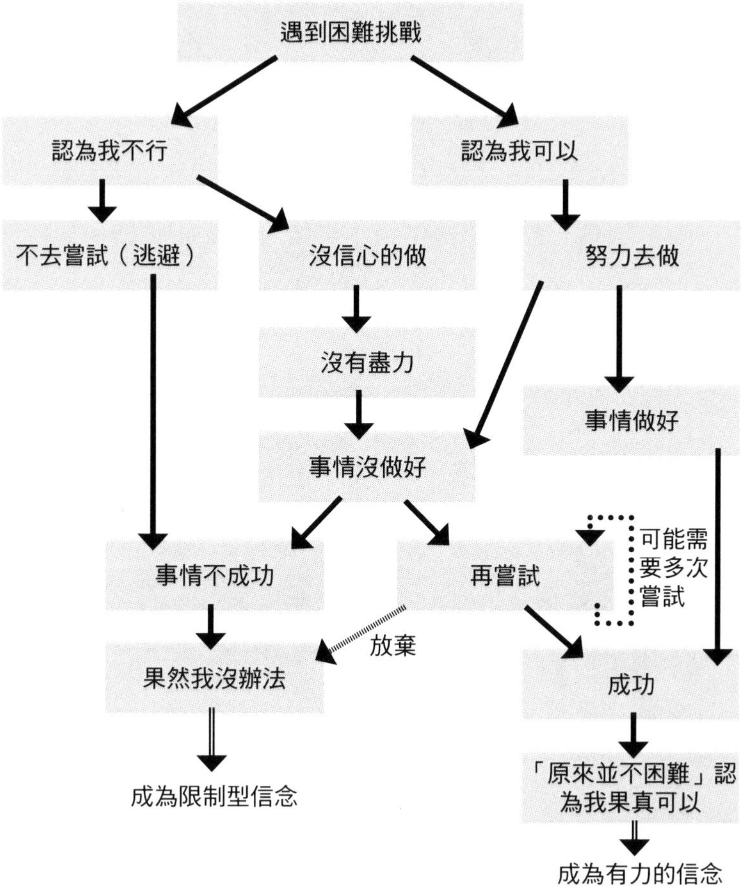
遇到困難挑戰
認為我不行
認為我可以
不去嘗試（逃避）
沒信心的做
努力去做
沒有盡力
事情做好
事情沒做好
事情不成功
再嘗試
可能需要多次嘗試
放棄
果然我沒辦法
成功
成為限制型信念
「原來並不困難」認為我果真可以
成為有力的信念

限制型信念，將阻礙你的人生

每當我向大家傳達「你做得到」的訊息時，總會有人拉著我說：「因為我沒有錢，所以交不到女朋友。」、「因為我沒有喝過洋墨水，所以升遷沒有我的份。」、「因為我長得不好看，所以沒有異性緣。」……

真的是這樣嗎？

你一定聽過窮小子娶得美嬌娘的故事；網路上也流傳著高中畢業就出來工作，最後成為總裁的例子；更在馬路上，看到帥哥與恐龍妹手牽手的甜蜜模樣。

那麼，為什麼別人可以，你卻不行？

答案就在於，你給自己太多的限制型信念。

限制型信念，指的是事情還沒有進行，就給自己一大堆做不到的理由，然後藉著這些理由，告訴自己和別人「做不到是理所當然的」。

現在，我要告訴你；沒錯，你所說的理由，的確都存在，但是這些因素絕不是讓你失敗的最大阻力。你之所以無法成功，是因為你相信了種種限制你成功的信念，導致你無法達成目標。

有力量的信念，勝出！

為了不讓限制型信念繼續在你的腦中猖獗下去，在這裡，我衷心的建議，一旦你發現自己又萌生限制型信念時，就趕快將它轉化為有力量的信念。

每一個信念，都是由許多的理由構築而成的。

當你察覺到這些理由都是負面、消極的時候，就要立刻往正面、積極的理由去想。

我經常聽到許多學員說：「我當然沒辦法像某某人那麼成功，因為我出身在不太有錢的家庭，光是要還助學貸款，就得還好多年，還得繳房租，算一算，一個月能夠存三千塊就很偷笑了，怎麼可能成功？」

此時，我就會反問學員：「那麼，你要不要告訴我，你有哪些優點，可以幫助你成功？」

聽到這個問題，學員們通常會先楞住，然後開始思考。最初，或許還舉不出多少個優點，一旦思考愈久，就會發現，自己的優點還真不少呢！像是：對人真誠、認真、負責、守信、勤快……等。

如果你曾經讀過名人傳記，就不難發現，許多成功人士的身上，也有和你相同的優點。

全球金融海嘯來臨，報章媒體幾乎天天播放負面消息，但也有計程車司機在載客之餘，開拓「運送腳踏車」的服務，從不景氣之中找到利基。

法國有一位女畫家，因為家貧請不起人體模特兒供她學畫，她靈機一動，天天到馬匹交易市場畫馬，練就一身好畫功，她畫出來的馬栩栩如生，成為法國最知名的馬畫家。

在美國，也有一名失去一條腿的九歲男孩，經過了無數次的摔跌後，終於學會騎單車。

只要你願意，任何事情都有機會，怕就怕在你認為自己根本不可能成功。

最重要信念～你怎麼看自己！

你覺得自己是怎麼樣的一個人？

有一次，一位同學帶著他的軍中同袍小志找我。與小志見面前，同學在電話中先將小志的處境概略跟我說明了一下；小志原有一個交往五年的女友，三個月前公司來了一位新同事小如，小如對小志一見鍾情、噓寒問暖外加投懷送抱，小志也就陷入小如的溫柔鄉之中。

沒想到，小如卻懷孕了。

當小如將這個消息告訴小志時，小志差一點兒想拔腿就跑。因為，就在前一天，小志那交往五年的女友，也向小志宣布自己懷孕的消息。

為了這件事，小志十分懊惱和沮喪，竟萌生輕生的念頭……。

與小志碰面當天，他竟脫口說出：「我是個爛人。」

或許小志的確在處理感情時，採取的方式並不恰當，但他待人熱心、慷慨，也是不爭的事實，只是現在的他，已經全盤否認自己。

於是，我在與小志溝通時，從他的優點著手，加強他對自我的重新認同，並讓他相信自己有絕對的智慧可以處理感情困擾。

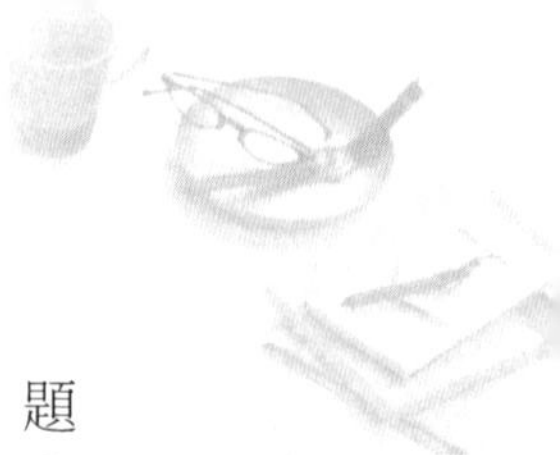

不久後，同學在ＭＳＮ上告訴我，小志很誠懇的對兩位女生坦誠自己的感情問題，兩位女生雖然很氣小志，最後終於諒解他，平息了這次的風波。

同學說，風波過後，小志似乎換了一個人，原本對工作沒什麼企圖心的他，竟向公司爭取海外派駐的機會，整個人變得更有自信，也更積極了。

聽了同學的話，我十分高興，相信歷經感情風波，重新成長的小志，一定不會再說自己是個爛人。

說不定，現在的他，還會覺得自己是個萬能超人呢！

改變不良信念的五個方法

現在，你知道限制型信念就是讓你無法成功的絆腳石，那麼，有方法可以改變這些陳年信念嗎？在這邊，我提供五個方法。

方法一：找出限制型信念。

方法很簡單，只要問自己：「哪些因素讓我沒有辦法達到自己想要的目標？」

方法二：破。

在找到限制型信念後，請看看這些因素，是否變成一個利基或機會？問自己可以從這些缺點中，找出什麼突破點，轉化它變成優點？

網路上曾經流傳一個故事，大意是一個缺了左手的柔道選手，在平日練習時，教練總是要他重複練習同一個招式。比賽的日子來到，缺了左手的他，在激烈的比賽中打敗對手，獲得勝利。

他很不解，問教練：「為什麼我會贏？」

教練告訴他：「要破解你的招術，只有一個方法：那就是抓住你的左手。」

有一次，朋友說要介紹一位頂尖的業務人員給我認識。在見面之前，我心想，頂尖業務人員應該都很會說話，見到本人後才發現他有口吃。

這位業務人員告訴我：「當初，我的家人聽到我想從事業務工作時，都說不可能，但是當我面對陌生人，因為緊張而口吃時，對方反而告訴我慢慢說，不要緊張。口吃，原本是我的缺點，現在卻成為建立信任感的關鍵。」

我們當中有太多人，習慣往不好的地方想，與成功失之交臂，不妨現在就反過來想，自己有什麼缺點？並找到讓危機變轉機的方法。

方法三：建立對自己有利的信念。

作法是在限制型信念之前，加上「因為」二字，在限制型信念之後，再加上「成功」、「達成目標」等正面字。

比如，有人的限制型信念是「我家沒有錢，怎麼可能成功？」就可以改成「因為我沒有出身在有錢的家庭，所以我更能成功。」、「現在不景氣，創業怎麼會成功？」就可以改成：「因為現在不景氣，創業時我會更注意成本及各個環節，所以我會成功。」

方法四：加強新的信念。

一旦產生新的信念後，接下來就是幫新的信念想出更多支持的理由。

方法五：將新的信念深植於心中。

作法是讓自己經常想到新的信念，也可以規律想著新的信念，直到它已經深植於你的心中為止。比如：每天早上起床前先想到新信念，睡前再想一次；或是每天都在紙上抄寫新的信念二十次……等，都是讓新信念深植心中的方法喔！

打造成功練習

問問自己：我是誰？在下面寫下你的名字，然後寫下你在人生中所扮演的角色，並給這些角色形容詞。

例：我是吳小華。一個孩子的媽——快樂的，辛苦的，滿足的。
學校老師——緊張的，忙碌的，辛苦的，無力的，快樂的。
爸媽的大女兒——
王大明的太太——

同樣寫下你的名字，然後寫下你希望自己成為怎麼樣的人。

哪些限制型信念讓我無法成為我所希望的人？

這些限制型信念，對我的生命造成什麼負面的影響？

我重新創造的有力量的信念，是什麼？

這些有力量的信念，將如何提升我的生活品質？

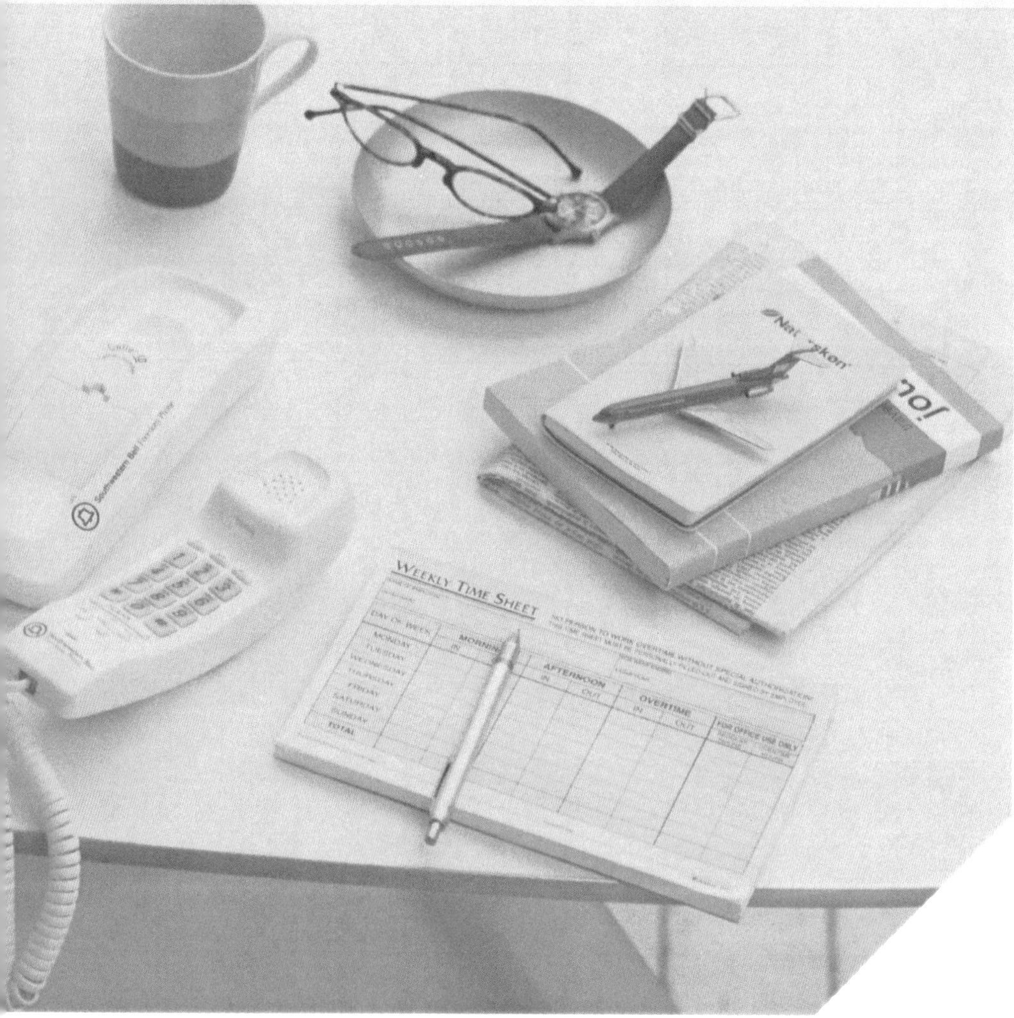
WEEKLY TIME SHEET
AFTERNOON
OVERTIME
TOTAL

第十三堂課

修正價值觀

什麼是好？什麼是壞？什麼最重要？

這，就是價值觀。

你在追求什麼？逃避什麼？

有一天晚上，你已經和家人在餐廳共進晚餐，突然，你接到一通電話，在電話那頭，秘書告訴你一小時後要開會。此時，你會選擇繼續和家人共進晚餐？或是參加公司的會議？

答案取決於你的價值觀。

把事業排在第一位的人，會選擇開會；把家庭排在第一位的人，會與家人共進晚餐。

這個答案沒有對錯，只是每個人的價值觀不同罷了，而我們的價值觀，也會因為人生的階段性不同，而有所不同的排序。

無論你如何選擇，都脫離不了兩種價值觀：追求型和逃避型。

在人類的行為中，都與追求快樂和逃離痛苦有關——只要你認為什麼事情是快樂的，你就會去做；只要是痛苦的，就不會去做。

追求型的價值觀，指的是任何你所追求的，會讓你覺得快樂的目標，它可能是一種情感，也可能是一種感覺，比如愛、成功、安全感……

偏偏，有時候，做了令我們以為快樂的事之後，不見得快樂。比如，甲先生想要成功，於是，他選擇日也拚夜也拚；在成功時，卻失去健康，失去家庭，此時才恍然大悟：原來，他要的只是健康，只是家庭美滿而已。

逃避型的價值觀，指的是令你討厭，而且會影響你人生的感覺，像是拒絕、孤單、被輕視、挫折感或者是不確定感、累……

往往我們選擇逃避的事情，正是讓我們人生無法成功的事情，也不應該逃避。比如，具有相聲天分的乙先生原本要去參加相聲比賽，一想到為了練習可能得犧牲每天晚上七點到九點的時間，讓他覺得既累又要花時間，乾脆不參加比賽，放棄了這次的機會。

三步驟找出最重要的價值觀

如果，你不知道對自己來說，最重要的價值觀是什麼，那麼，做任何事情，都很可能會出現虎頭蛇尾、三分鐘熱度，不然就是意志左右搖擺、易受動搖，十年後，可能還是一事無成。

這裡有三個步驟，可以幫助你釐清最重要的價值觀。

首先，請先在紙上，將你所認為最重要的事情寫下來。

如：成功、快樂、智慧、自由……等等你覺得重要的事，全部寫下，看看你所寫的，是不是很多？

為了確認哪一樣對現階段的你來說，是最重要的，接下來，我們必須慢慢的排序。

第二個步驟是排序。

方法就是兩兩相比，決定那一個是最重要的。比如，將成就和快樂比較，發現在現階段，成就比快樂重要，於是，就將成就放在前面；然後，再把成就跟自由拿來比較，發現還是成就重要，如此不斷的排序，就排出第一個、第二個……。

在這裡，兩兩比較的原因是，讓你在比較的過程中，重新審視每一個價值觀重要的程度，而不是自己主觀性的將次序訂出。如此一來，才不會產生矛盾，也可以協助你在現實生活中遇到衝突時，分辨自己該選擇那一個。

由於排序的過程會相當的費時，我的建議是先排出最重要的六個。

第三個步驟是重新排序。

「重新排序」？

是的，你沒看錯。

方才，你已經選定了六個重要價值觀，而且也排定了次序，但是，這六個次序很可能是你原本的價值觀。

現在，請思考：「如果要達成現階段的目標，你所排出來順序可行嗎？」

我有一位學員本來將成功排在第一名，但後來她發現，她現階段想達成的目標是家庭和樂，於是，她將快樂調到第一位。

另一位學員則是將自由調到第一位，他說：「沒有自由，光賺錢也不行！」

也有學員將智慧排在第一位，因為對於現階段的他來說，十分需要智慧來處理所有的事。

你呢？現階段你最需要的價值觀是什麼？

重新詮釋自己的價值觀，掌握主導權

有沒有想過，你現在所認為的價值觀，很可能並不是你的。

在別人眼中，王老闆是一位成功人士，但是，他總覺得自己的錢不夠多，所以並不快樂。

一名記者問王老闆：「你覺得要賺多少錢，才會讓你快樂呢？」

王老闆回答：「我只要月收入有五百萬以上就可以了。」

等到王老闆月入五百萬時，記者又問他：「王老闆，你覺得自己快樂嗎？」

王老闆回答：「不，五百萬還是不夠，要一千萬以上才會快樂。」

當王老闆賺了一千萬時，他對記者說：「我現在覺得，要賺一億以上才夠。」

有一天，王老闆走在街上，看到一對正在撿寶特瓶的父子。

只見做孩子的拿起一個寶特瓶，很高興的說：「爸爸，你看，我又撿到一個瓶子了，這麼一來，就可以換到兩百元！」

「對啊，孩子，你真棒！我們換了錢，就可以去買明天的早餐了。」那位孩子的爸也笑了。

聽到這對父子的話，王老闆突然一楞，為什麼兩百元就可以讓這對父子那麼快樂，而他明明已經賺了一千萬，卻仍然不快樂？

為什麼王老闆永遠都覺得自己不夠、不快樂？

經過一番長談後，王老闆才發現，在他的人生中，最重要的人——像是父母、初戀女友，都給他一個「有錢才會快樂」的訊息。

然而，這並不是王老闆自己為快樂所下的定義，難怪，即使他有錢，也覺得自己並不快樂。

課堂上，我會要求學員們寫下，哪些事情令他們快樂？

一位學員寫著：**如果我的老公今天讚美我，我就覺得很快樂。**

另一位學員說：**如果我的兒子今天被老師誇獎，我就會覺得很快樂、很成功。**

你發現了嗎？這些快樂的價值觀，主導權並不在自己的身上，而是在別人身上。

如果生活裡，你的價值觀主導權都在別人手上，這樣子好嗎？

我認為，主導權還是在自己手上比較好。

因此，請重新設定你對價值觀的定義或規則吧！

設定的方法十分簡單。以剛才「一定要老公稱讚才會快樂」、「兒子要被別人誇獎才會快樂」的兩位女士來說，可以告訴自己：「**任何時候，當我想要快樂的時候，我就會很快樂。**」或者是「**任何時候，只要聽一首很棒的歌，或者很棒的音樂就會很快樂。**」；「**任何時候，只要想到我的另一半就會很快樂。**」……都可以。

不只是快樂，任何價值觀都可以被定義，就像成功，一樣也可以被定義。

有的人對於成功的定義可能是，每個月收入要達到十萬元才算是成功，沒達到之前都覺得自己很不成功。

這樣子的定義並不是完全的正面，建議把成功的定義改成：**任何時候只要把事**

情好好做好就覺得很成功；或是，我只要把今天的事情都做完就是成功；任何時候該做的事都能馬上去做，絕不拖延就是成功等。

只要朝著這個方向，不要一下子把規則、目標訂得很遙遠，避免做不到時就沒辦法接受，而是感覺任何時候只要完成、任何時候只要告訴自己我一定可以做到，就會覺得很成功，讓自己一步一步朝這目標去實現。

再以自由為例，有些人認為，自由是可以隨傳隨到，不用在公司上班，做自己想做的事；有人認為自由是環遊世界。

從現在開始，你可以告訴自己：「任何時候，我只要可以想到我自己的夢想，就是自由（因為你的思想永遠是自由的）。」；或者對自己說：「只要有三十分鐘可以和自己獨處，我就覺得很自由。」如此一來，自由就比較容易做到，且不會覺得不足。

為健康重新定義，也是一樣的道理。

有的人覺得要完全沒病沒痛、體力好、睡得好才是健康。但是我的定義是任何時候，我只要喝一杯新鮮現榨的蔬果汁就是健康；或是任何時候，我只要做深呼吸，有氧呼吸十次我就覺得很健康；任何時候，我只要做一些簡單的運動，伸展操我就會覺得很健康。

在為價值觀重新定義時，請記得，你的定義要能夠做得到、不會被局限，所以，請在每個新定義前面，加上「任何時候」這四個字。

只要你自己重新為事情下定義，就會照著自己的定義去走。

所以，在後面的練習中，請認真的將每個價值觀，都給它一個新的，你自己可以主導的，正面的定義吧！

這樣做，告別逃避

在我接觸過的人當中，最多人逃避的是「失敗的感覺」。

你知道嗎？只要修正逃避型價值觀，就可以讓你告別逃避。

首先，請寫下所有你不喜歡的感覺，並找出三個對你影響最大的逃避型價值。

同樣，給它們一個定義，這麼一來，你就會知道，自己為什麼會逃避這種感覺了。

舉個例來說，有位學員認為他最討厭孤單的感覺，並定義：**沒有人祝我生日快樂，我會覺得很孤單。**

有一個學員寫「沒有朋友」，並定義：**當朋友心情不好的時候，卻不打電話跟我聊，會讓我覺得沒有朋友。**

如何為逃避型價值觀重新定義？

原則很簡單，只要套用「只有當我不小心，錯誤認為XX時，卻沒有發現XX時，才會感覺到XX。」例如：「只有當我不小心，錯誤以為沒有人關心我、愛我的時候，卻沒有發現，其實我身旁有許多朋友都默默的支持我、鼓勵我時，我才會感覺到孤單。」

使用「只有當我不小心」的原因是為了告訴自己：會發生這種情況都是因為不小心，只要下次小心就不會發生了；使用「錯誤的」則表示這不是真的。

修正孤單的例子，我們可以延伸運用，譬如有位學員寫道：**所有的人都不相信我，但這不一定是永遠，或者是持續的狀態。**我建議他改成：「只有當我不小心，錯誤以為大家都是故意的反對我，而沒有瞭解到其實只要我耐心溝通，讓他們可以更加瞭解，其實他們是關心我，不希望我被騙或是受傷，其實他們是很愛我的，我才會感覺到很挫折。」

在修正逃避型價值觀時，還要記得，你所寫的那件事的確是錯誤的，而不是事實，才有效。

比如，一位身高一五〇公分，體重九〇公斤的人，如果寫「只有當我不小心，錯誤以為我自己很胖時……」就不會有效，因為這位女士是真的胖啊！所以，正確的寫法應該是：「只有當我不小心，錯誤以為我永遠都瘦不下來，而沒有意識到，只要我持之以恆控制飲食及運動，我就能夠瘦下來，感覺到更健康更快樂。」

又如某人有負債的事實時，他就不能寫：「只有當我不小心，錯誤以為我有一堆負債。」因為負債是事實，此時，就要改成：「只有當我不小心，錯誤以為沒有辦法達成財務上的自由，而沒有意識到，只要我開始學習理財，了解正確的理財觀念，並開始行動，我就能夠讓負債減少。」

修正逃避型價值觀的定義方式，或許比較複雜，但只要記得你寫的事的確是錯誤的，而不是事實，然後再加上鼓勵自己的話，就OK了。

我會建議大家把你重新定義後的價值觀寫在筆記本上（無論是追求型或逃避型），不但要每天看，而且當你負面的念頭再次出現時，立刻翻開筆記本，有助於自己回到正面思考，幫助你更篤定邁向你想要的境界。

打造成功練習

問問自己：對我來說，最重要的事情有哪些？在下面寫出來。

例：自由、安全、愛、合作、改變、熱情、付出、智慧請將你認為重要的事情兩兩比較，在下面重新寫出次序。

為這些你所追求的重要價值，重新寫下正面的定義。

這些限制型信念，對我的生命造成什麼負面的影響？

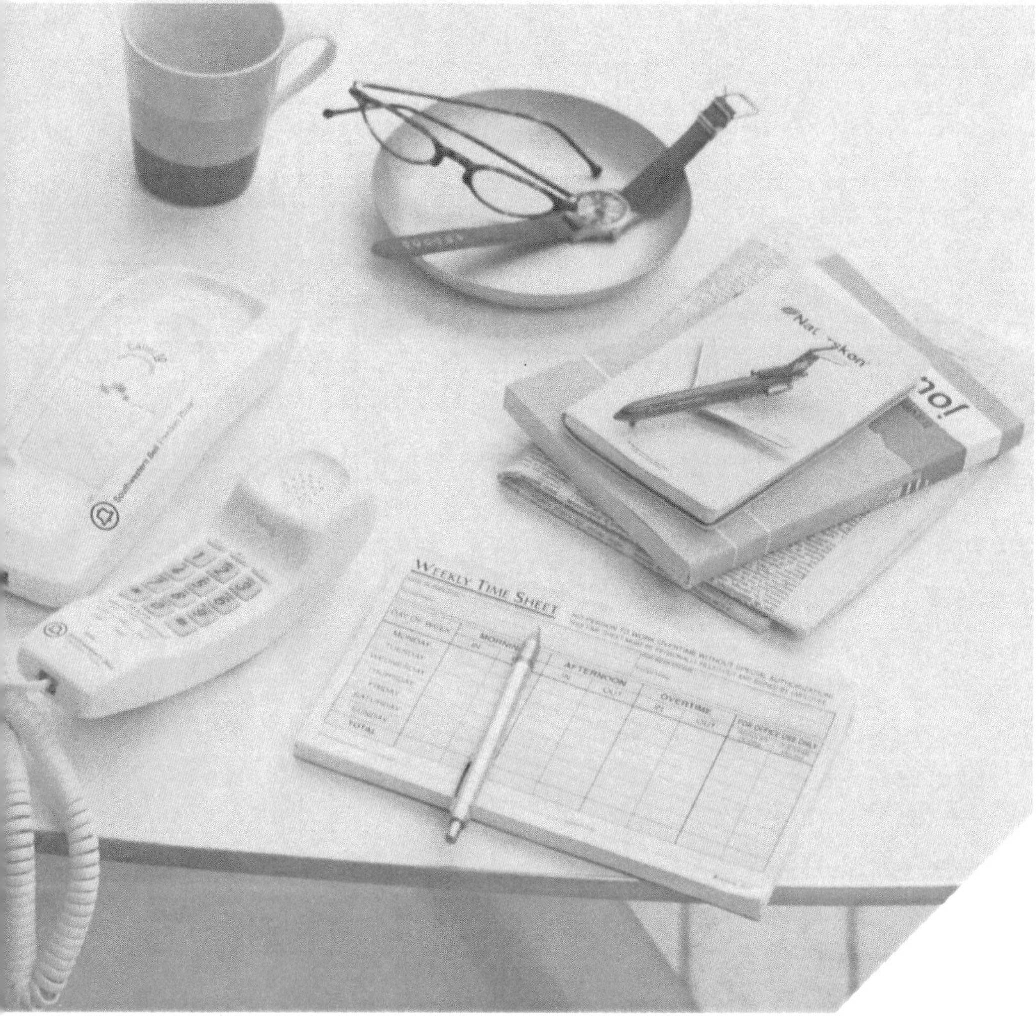
WEEKLY TIME SHEET
AFTERNOON
OVERTIME

第十四堂課

讓夢想起飛
——建立讓人生不同的目標

你，絕對可以達成你的目標。

短期

以月薪五萬來說：、
期許目標：二年存款
一百萬！

中期

繼短期存款之後，四
年存款約二百萬，期
許目標：購一部新
車。

長期

以二年存款一百萬來
說，期許目標：八年
內購新屋！！

目標

對的計畫、對的方法，就能達成目標。

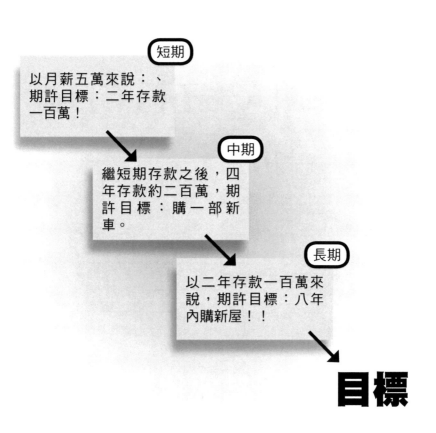

目標沒達成？全是設錯方法惹的禍！

從小到大，你一定設定過很多的目標，但為什麼總是難以達成？

因為，設目標也是有原則和方法的。

掌握原則，用對的方法，將讓你的目標一一實現；沒原則，沒方法，那麼就很抱歉了！

在接下來的內容中，我將告訴大家，如何設定又棒又能達成的目標，讓你的人生夢想一一實現！

目標要讓你興奮

你所設定的目標，最重要的是，要讓你覺得很興奮，興奮到只要一想起這個目標，你就會全身熱情沸騰、快樂無比。

我最近看到有位學員會將目標寫成「繳清房貸」。這樣的目標是正確的，但是，還沒有到達足以讓人跳起來的興奮，因為，你的意識會告訴你：「除非我中樂透，否則，距離繳清房貸的日子，還差得遠呢！」

於是，我告訴學員：你必須將目標設定成「收入多少」，或是要「賺多少錢」。再運用想像力，一想到達成收入的美妙感覺，就可以讓人更興奮、更有動力。

聽到我所說的，學員立刻將目標改成：**每月收入三十萬**。

我一看，嘿嘿，這個目標的確會令人興奮，但是，由於現在這位學員每月收入約五萬元，如果設定成每月三十萬，他的意識當下就認為「怎麼可能」？最好的設定方式是，將目標設定成目前能力的三倍，因為三倍有點挑戰，但是又不會太高。

我曾經看過有的人將目標訂成當時的十倍，或者是超過一百萬，甚至是一億：太高的目標，會讓人覺得實際情況不可能發生，反而做不到。

訂定的目標的原則是：要遠大，同時也要讓自己覺得可行，且具有挑戰力的目標。

記得，目標要讓你興奮、遠大，當然，也要合理。

目標要有時間限制

我在設定目標時，會從短期、中期、長期三個角度來設定目標。

短期，是指一年內希望達成的目標。

為什麼是一年，而不是以月來計算呢？

以一個月或是三個月來說，這是一種行事曆的規畫，因為我們通常會知道自己明天要做什麼，這個星期要做什麼，這個月要做什麼，並不能算是目標。

目標是指，目前還不知道怎麼去達到，但是，你可以確認要往那個方向進行，才叫做目標。比如說，有的人原本領的獎金平均有一萬元左右，卻訂定下個月要做到十萬元的業績獎金，這樣的目標，除了先前所提到的超出三倍外，時間上也太短。

我會建議這位仁兄不妨將目標調整為：在第三個月時，就可以達到三萬元的獎金。

在進行目標設定的期限時，請直接寫出年月日如「二〇一〇年五月五日達成」，而不是籠統的寫著「一年後達成」，將更有助於在時間內達成。

目標要越多越好

我在上課時，會要求學員寫出一〇一個目標。

聽起來好像很多？其實，是有系統的。

你一定聽過某人從零開始打拚，好不容易建立起一個企業王國，卻發現自己得了XX癌的故事；你也一定聽過，某個人有錢後，開始擔心身旁的朋友，全都是為了他的錢而來，所以希望自己能夠交到對他真心的朋友。

無論是企業家、有錢人，都和你我一樣，還是人。因此，我們漸漸了解，人生的目標，並不只一個。

過去，你所聽到的是，一次設定一個目標，當一個目標達成時，再想下一個。

現在，我要告訴你，因為人生有很多不同的面向，只設定一個目標時，就很難看到其他的機會。例如，當一個人設定他的目標是成為醫生時，就看不到其他的機會——說不定是投資的機會或是從政的機會，於是，這個人也就少了其他發展的可能性。

所以，你可以全方位去規畫，無論是做生意、開店當老闆，或是投資、開畫展，只要是你想要實現的，都可以全部設定下來。讓它們停駐在你的潛意識之中時，你的潛意識就會有警覺，一旦機會來臨，警覺的鈴聲就會開始響起，也就不會讓你與夢想擦身而過。

在設定目標時，你真的可以一次設定很多個。這不是癡人說夢，而是全方位規畫。

在課堂上，我會要求大家，至少要設定六個大類的目標，每個類別下面，至少要寫十五～十八個想完成的目標，加起來總共要一〇一個目標，並在每個目標下面設定期限。

這六大類分別是：

學習成長類

事業成就類

財務規畫類

家庭關係類

健康活力類

人生享樂類（夢想中想要買的東西都可歸在這一類，如出國旅行，買夢寐以求的物品——我們雖然要往前衝，也要獎賞自己。）

當目標訂好後，每年，請檢視結果，並且再進行期限的修改。

你會發現，有些目標會比預期的時間先達成，有些則剛好達成，也有些在預期時間內並未達成。一旦目標達成後，請再增加新的目標，將目標補至一○一個為止。

雖然，你所設定的目標很多，但是，你必須要很清楚的知道，在這些目標中，哪一個是你最重視，而且最想要達到，現在就要進行的——我稱之為核心目標。

請在每一大類之中，選出一個核心目標。

如果，你無法確定，哪一個目標是核心目標時，可以兩兩比較，就可以找出每個類別中，最想完成的核心目標了。

以我在美國上課的一位老師為例，他在「事業成就類」的核心目標是一年演講開課三百場，在「人生享樂類」的核心目標是買一部名牌跑車，結果，當他的講師事業愈來愈成功時，他剛好也有多餘的錢來買他夢想中的跑車；他真的同時完成了雙目標。

天天五個小撇步，讓你更快達成目標

看完了設定目標的三個原則後，接下來，我要告訴大家的是，在實現目標的過程中，如何懂得天天運用一些小撇步，將讓你更快達成目標。

自我確認

請每天告訴自己：「ＯＫ！我一定做得到。」

人類從出生到長大會受到許多負面訊息、負面的想法與訓練，不管你是否認同，它都進入到我們的潛意識之中，所以，在達成目標的過程中，它們都會成為我們的障礙，讓我們不相信自己，覺得自己根本不可能達成目標。

為了消除這個負面思想，我們當然要告訴自己：「我一定可以，沒有問題，一定能做到。」

自我確認的時機，可以在每天一早起床後進行，方法是看著我們所訂定的目標，告訴自己「一定可以做到」；在一天之中，如果遇到需要做簡報、上台報告，或各種挑戰時，也可以即時鼓勵自己，進行自我確認。

聽潛意識CD

在第十堂課時，你已經十分清楚潛意識的威力。

其實潛意識的運用很廣，甚至可以用在夢想的達成上。

你可以將自我確認的話錄成潛意識錄音帶或者CD，每天多聽幾次，開車時聽、睡前也可以聽，如此可以讓自我確認不斷加強。在睡前聽，還可以讓自我確認進入潛意識中。如果你喜歡，你還可以為你的潛意識錄音帶配上音樂。

對了，當你聽到別人說「你做不到」的時候，不要讓這些話進入你的潛意識之中，而要立刻告訴自己是可以做到的。這麼一來，就可以阻擋這些負面的訊息進入你的潛意識。

用圖片的方式製做夢想板

這一個方法很簡單，找一個你喜歡的大板子；然後，把你想達成的目標，用圖片的方式貼在這個板子上，並將板子放在你最容易看得到的地方。

這塊板子，就是你的夢想板。

每當我在演講時，分享夢想板的撇步時，總是會被問到：「可以用大字報來代替圖片嗎？」

我的答案是，除非真的沒辦法，否則還是圖片的效果最好。

為什麼？

現在，當我說「蘋果」時，你是想到蘋果的樣子，或著是「蘋果」這二個字呢？當然是蘋果的樣子。

這是因為大腦接受圖像的速度比文字更快，大腦是用圖像的方式來思考，所以，如果你讓目標用圖像的方式呈現在你的潛意識之中，眼睛一閉上就可以看到你的目標。

你想住在什麼樣的房子？趕快去找幾張圖片，貼在你的夢想板上；想要什麼樣的理想伴侶？把他（她）畫出來，然後貼在你的夢想板上……

我當然也做了自己的夢想板。

前年，我感受到成為公司老闆，可以發展自己想要推出的產品，也可以創造就業機會，更能與一群夥伴共同成長，是一件極具意義的事情，於是，我在夢想板上寫著：「開公司。」並找出我心目中的公司照片貼在夢想板上。

當時，我的身分是一位專業講師，對於開公司這件事，可說是八字沒一撇。沒想到接下來發生的一些事，成就了我完成夢想的機會，我真的成立了一家與健康用品相關的公司，與一群有著共同目標的夥伴們互相激勵、前進。

我的老師曾經說過：「如果你希望讓一件事情在你的外在世界實現，首先，就要讓它在你的內在世界發生過很多次，才會變成真的。」

就讓夢想板上的圖像刻印在你的腦海中吧！想像它是你的，不斷想像你擁有它的美好感覺，畫面愈明確，目標愈容易達成。

想像

想像，絕對是夢想達成的必備配件，關於如何想像，在第八課已經詳細說明，建議你可以再重讀一次，讓你的想像力再次奔馳。

晚上睡覺前將核心目標寫十次

每天晚上睡覺前，請將核心目標書寫十次。

建議你找一本你很喜歡、感覺很特別的筆記本來書寫。

書寫核心目標時，請寫下：「XXX在X年X月X日會達成XX目標。」看到了嗎？重點是「會達成」，千萬不要寫成「要達成」。

每天，你可以在六大類中，選出其中一類的核心目標來進行書寫，如此一個星期下來，每一類的核心目標，都被寫過十次。

書寫核心目標的目的，是讓你在寫的時候加強潛意識，並且幫助你不斷確認自己的目標。

打造成功練習

製作六大目標雷達圖

你是否感覺，一開始就要想這麼多目標，有點兒難呢？沒關係，在這裡，我將教大家做一個簡易的六大目標雷達圖，只需要按照下面的步驟來進行，就可以了。

第一步：如果從0分到10分來看六大類目標，現在的你各得幾分呢？請將分數寫下來。

例：學習成長類：8分
事業成就類：4分
財務規畫類：5分
家庭關係類：6分
健康活力類：6分
人生享樂類：7分

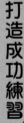

第二步：在下面這塊雷達圖中，點出分數的位置，並連起來。（圓心是零分，愈往外分數愈高。如：例圖一）

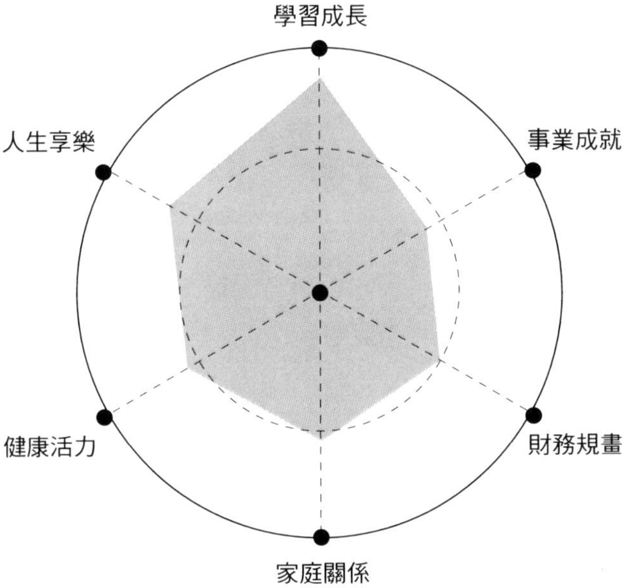

例圖一

你的圖

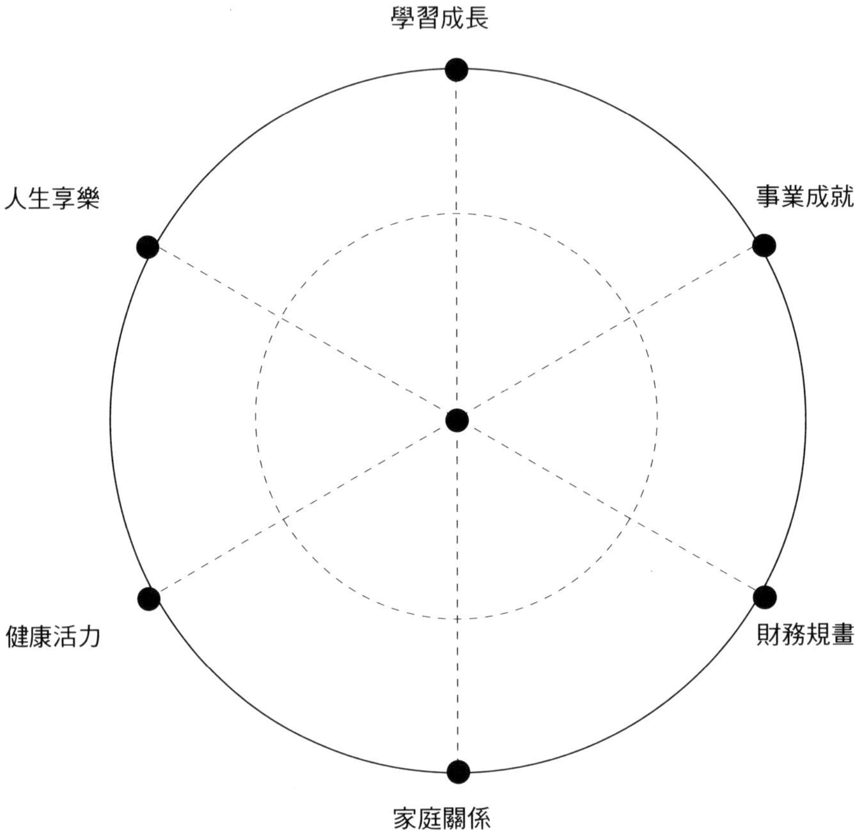

第三步：現在，寫下你對於各個目標期望的分數。

例：學習成長類：9分

事業成就類：8分

財務規畫類：8分

家庭關係類：10分

健康活力類：9分

人生享樂類：9分

第四步：將目標分數，點在同一張圖中，並連起來。

如：例圖二

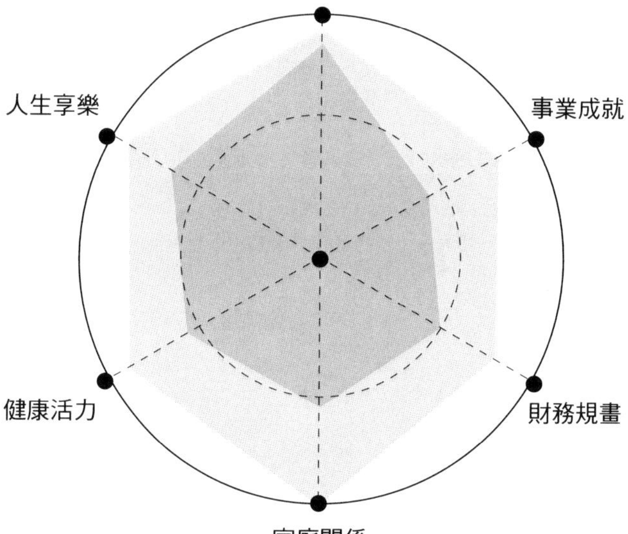

例圖二

第五步：從你自己的雷達圖中，可以很清楚的比較哪幾類的目標還差多少？請在下面寫出你覺得可以達成目標的方法，及目標達成的日期。

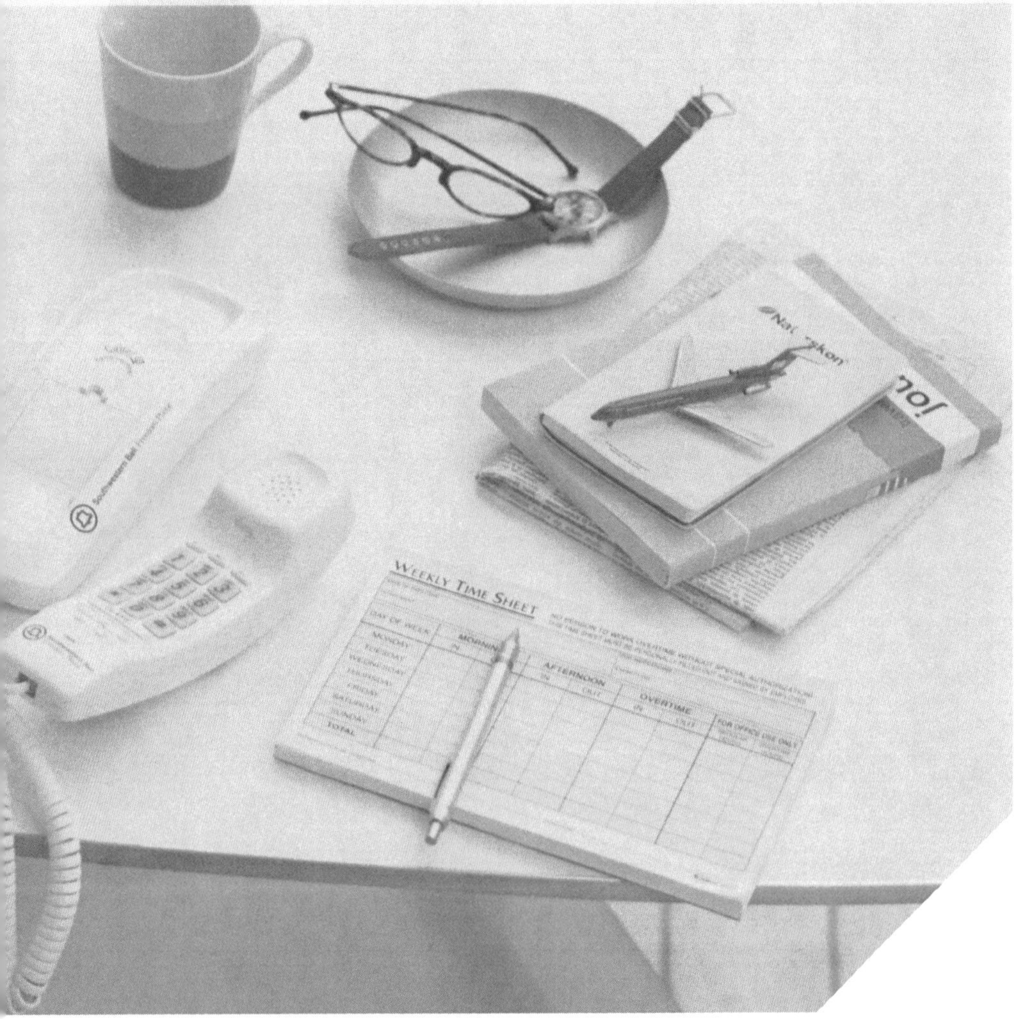
WEEKLY TIME SHEET
DAY OF WEEK
MORNING
AFTERNOON
OVERTIME
TOTAL

尾聲

讓自己更有使命感
——要好，大家一起好

一位仙人走進村莊，看到一個乞丐坐在路邊，向人乞討。

仙人問：「你缺少什麼？」

乞丐說：「我缺少金子。」

於是，仙人就變了一堆金子給他。

三個月後，仙人走進村莊，看到乞丐坐在一堆金子上面，仍然不斷的向人乞討。

仙人問：「你都有這麼多金子了，還缺少什麼？」

他說：「我缺少成功，缺少愛情。」

於是，仙人就把這兩樣東西給了他。

不久後，仙人再度來到村莊，他看到乞丐還是在路邊向人乞討。

仙人問：「我已經給你成功和愛情。這次，你又缺少什麼？」

他說：「我缺少刺激和快樂。」

於是，仙人又把這兩樣東西給了他。

三個月後，仙人依然看到乞丐在路邊向人乞討。

仙人問：「說吧！你還想要什麼？」

他說：「我還想要一個東西，叫做滿足。」

仙人回答：「這簡單，只要你學會付出，就可以了。」

三個月後，仙人來到村莊，這一次，他看到乞丐笑迷迷的，臉上露出滿足的笑容，因為，他照著仙人的話做，只要看到村子裡的人需要幫助，他就上前幫忙，村民都很感謝他。

乞丐告訴仙人：「我什麼都不缺了，因為，我感覺到愛。」

在尾聲中，沒有步驟，也沒有方法。請拿出筆，真心的回答下面這幾個問題。

想一想，從嬰兒到現在，我曾經接受過哪些人的幫助，讓我現在仍然活著？為什麼？例：父母～因為他們生下了我。保母～因為我三歲前都是給她照顧。王小莉～她說我長得並不醜。

如果生命只剩下三個月，我想要跟哪些人在一起？我會對他們做什麼事？我會對他們說哪些話？

如果生命只剩下三個月，我想要對全人類和地球，做什麼樣的事？

如果生命只剩下三小時，我想要完成什麼心願？

如果我已經離開這個地球，我希望別人在我的傳記中寫哪些內容？

後記

多年前，我參加安東尼．羅賓的課程，在第一堂課結束前，投影片上播放著大大的幾個字：

生命將從此不同（Life will never be the same!）

短短的七個字，大大的撼動了我的心。

每一天，我都將這七個字放在心上，它就像是預言一樣，讓我每一天的作為、學習都有所不同。

我也要恭喜大家，因為您已經看完這本書，這表示你的生命也將從此不同。

希望從今天以後，每一天，您的改變就像是蝴蝶效應一樣，不但自己變成功、變快樂，也將這快樂感染給大家，讓大家感受生命是可以改變的。

謝謝您購買本書，更謝謝您將這本成功之書，推薦給您的朋友，讓您和所關心的人，一起快樂的改變，邁向成功。

祝大家愈來愈好！

國家圖書館出版品預行編目資料

愈開心愈成功的祕密——讓你脫胎換骨，邁向成功的１４堂課/ 鄭博中著.
--初版. --臺北市：布克文化出版:家庭傳媒城邦分公司發行,
民99.3，面; x 公分

ISBN 978-986-6278-02-0（平裝）

1.自我實現 2.成功法
177.2 99001873

1BE022
愈開心愈成功的祕密
讓你脫胎換骨，邁向成功的１４堂課

作　　者／鄭博中
文字整理／廖翊君文字團隊
美術設計／Chris'Office
企畫選書／賈俊國

總 編 輯／賈俊國
副 總 編／蘇士尹
行銷企畫／吳岱珍、簡伯儒

發 行 人／何飛鵬
法律顧問／台英國際商務法律事務所 羅明通律師
出　　版／布克文化出版事業部
台北市民生東路二段141號8樓
電話：02-2500-7008
傳真：02-2502-7676
Email：sbooker.service@cite.com.tw
發　　行／英屬蓋曼群島商家庭傳媒股份有限公司城邦分公司
台北市中山區民生東路二段141號2樓
書虫客服服務專線：02-25007718；25007719
24小時傳真專線：02-25001990；25001991
劃撥帳號：19863813；戶名：書虫股份有限公司
讀者服務信箱：service@readingclub.com.tw
香港發行所／城邦（香港）出版集團有限公司
香港灣仔軒尼詩道235號3樓
電話：852-25086231　傳真：852-25789337
Email：citehk@hknet.com
馬新發行所／城邦（馬新）出版集團 Citè (M) Sdn. Bhd. (458372U)
11, Jalan 30D/146, Desa Tasik, Sungai Besi,
57000 Kuala Lumpur, Malaysia.
電話：603-90563833　傳真：603-90562833
印　　刷／卡樂彩色製版印刷有限公司
初　　版／2010年（民99）03月

售　　價／280元

ISBN：978-986-6278-02-0
布克文化官方部落格 http://blog.sbooker.com.tw

城邦讀書花園
www.cite.com.tw

愈開心愈成功的祕密

The Secret to Getting More Happiness and More Success.

CD索取回函

感謝您購買《愈開心愈成功的祕密》，您只要填妥背面個人資料，傳真至（02）2706-0060，就能免費獲得「愈開心愈成功的祕密」CD一片及「打造頂尖人生計畫」演講會入場卷一張。活動期間：99年3月31日起至99年12月31日止。

www.CLM888.com

請沿虛線剪下

讀者回函

恭喜你讀完了這本書！希望你會喜歡，也希望這本書裡的某些觀念或故事能夠對你有所啟發，並且開始運用其中的一些方法，來改變屬於你的人生！在此衷心的邀請你將書裡面的文字化作實際的行動，你將會發現你的生命將在一點一滴的行動中開始改變！

另外，礙於書本上字數的限制有些故事或內容無法用更多文字呈現，若你希望更深入了解更多的方法與技巧，本書作者每年固定舉辦數次「打造生命奇蹟」潛能訓練課程，將在課程中更深入的引導你體驗所有觀念化為實際行動的過程，並將對你產生莫大的幫助！為了感謝你購買本書，邀請你免費來參加現場「打造頂尖人生計畫」講座，並且來就可獲得「打造生命奇蹟」課程的500元折價券兩張！
詳細時間及地點請上打造生命奇蹟網站www.CLM888.com

個人資料（請以正楷填寫，以利贈品順利寄達）

姓　　名：＿＿＿＿＿＿＿＿＿＿

公司名稱：＿＿＿＿＿＿＿＿＿＿

單　　位：＿＿＿＿＿＿＿＿＿＿

電　　話：＿＿＿＿＿＿＿＿＿＿

手　　機：＿＿＿＿＿＿＿＿＿＿

地　　址：＿＿＿＿＿＿＿＿＿＿

E-MAIL：＿＿＿＿＿＿＿＿＿＿

職　　業：□保險業 □傳、直銷業 □傳播 □資訊 □工 □商 □軍公教
□其他：＿＿＿＿＿＿＿＿

購買地點：□連鎖書店：＿＿＿＿＿＿＿＿
□網路書店 □電話訂購 □其他：＿＿＿＿＿＿

讀後心得：＿＿＿＿＿＿＿＿＿＿

＿＿＿＿＿＿＿＿＿＿

＿＿＿＿＿＿＿＿＿＿

請沿虛線剪下

傳真：(02)2706-0060

或寄至：
台北市大安區敦化南路二段164號12樓
打造生命奇蹟 讀者回函部門 收
客服電話：(02)2755-2013